TAIJIAO 40 ZHOU
TONGBU FANG'AN

胎教40周

同步方案

我们坚持以专业精神，科学态度，为您排忧解惑。

中国人口出版社

图书在版编目(CIP)数据

胎教40周同步方案/王艳琴主编.-北京:中国人口出版社,2011.6

ISBN 978-7-5101-0776-4

Ⅰ.胎… Ⅱ.①王… Ⅲ.①胎教-基本知识 Ⅳ ①G61

中国版本图书馆CIP数据核字(2011)第107439号

最轻松、最权威、最系统
的同步胎教读本

胎教40周同步方案

王艳琴 主编

出版发行 中国人口出版社
印　　刷 北京睿特印刷厂大兴一分厂
开　　本 710×1020 1/16
印　　张 14
字　　数 150千字
版　　次 2011年7月第1版
印　　次 2012年7月第3次印刷
书　　号 ISBN 978-7-5101-0776-4
定　　价 26.80元

社　　长 陶庆军
网　　址 www.rkcbs.net
电子信箱 rkcbs@126.com
电　　话 (010)83534662
传　　真 (010)83519401
地　　址 北京市宣武区广安门南街80号中加大厦
邮　　编 100054

目 录

Contents

第1周 提前预约胎教

本周宝宝与胎教重点 ······ 24

还没影儿的胎宝宝 ······ 24

本周胎教要点 ······ 24

胎教理论 ······ 25

什么是胎教 ······ 25

广义胎教和狭义胎教 ······ 25

有意胎教与无意胎教 ······ 25

本周胎教课堂 ······ 26

营养胎教方案——孕1月饮食原则 ······ 26

●胎教奇葩——斯瑟蒂克胎教法(一) ······ 27

准爸爸胎教指南 ······ 27

准爸爸是胎教主力军 ······ 27

第2周 受孕时的胎教

本周宝宝与胎教要点 ······ 28

精子与卵子相遇了 ······ 28

本周胎教要点 ······ 29

胎教理论 ······ 29

胎教的基础是健康怀孕 ······ 29

把握受孕瞬间的胎教 ······ 30

本周胎教课堂 ······ 31

音乐胎教课——聆听《小星星变奏曲》 ··· 31

准爸爸胎教指南 ······ 31

准爸爸参与胎教必不可少 ······ 31

Contents

第3周　好心情好胎教

本周宝宝与胎教要点 …… 32
精子与卵子相爱了 …… 32
本周胎教要点 …… 32
胎教理论 …… 33
胎教的目的 …… 33
胎教的作用 …… 33
本周胎教课堂 …… 34
情绪胎教方案——好情绪就是好胎教 …… 34
●胎教奇葩——斯瑟蒂克胎教法(二) …… 35
准爸爸胎教指南 …… 35
准爸爸怎样进行胎教 …… 35

第4周　了解胎教类别

本周宝宝与胎教要点 …… 37
神经、循环系统已经出现 …… 37
本周胎教要点 …… 37
胎教理论 …… 38
十大基本胎教方法 …… 38
本周胎教课堂 …… 41
情绪胎教课——给自己一个微笑 …… 41
准爸爸胎教指南 …… 42
和妻子一起制定孕期日程表 …… 42
和妻子一起写孕期日记 …… 42

Contents

第5周 成功胎教守则

本周宝宝与胎教要点 …… 43

小海马一样的胎宝宝 …… 43

本周胎教要点 …… 43

胎教理论 …… 44

实施胎教的基本要求 …… 44

成功胎教十守则 …… 44

本周胎教课堂 …… 46

营养胎教方案——孕2月饮食原则 …… 46

●胎教奇葩——斯瑟蒂克胎教法(三) …… 46

准爸爸胎教指南 …… 46

做孕妈妈最坚实的依靠 …… 46

帮助妻子稳定情绪 …… 47

第6周 克服早孕反应

本周宝宝与胎教要点 …… 48

小松子仁一样的胎宝宝 …… 48

本周胎教要点 …… 48

胎教理论 …… 49

孕期营养对胎儿智力起着决定性作用 …… 49

怎样做好营养胎教 …… 50

本周胎教课堂 …… 51

环境胎教课——美化孕妈妈居室 …… 51

准爸爸胎教指南 …… 52

学做孕期营养餐，为孕妈妈“加油” …… 52

烹调要符合孕妈妈口味 …… 52

Contents

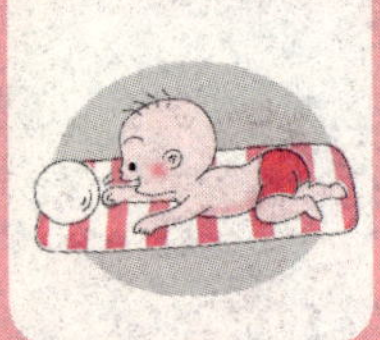

第7周　了解胎儿的感觉

本周宝宝与胎教要点 …… 53

胚胎开始运动了 …… 53

本周胎教要点 …… 53

胎教理论 …… 54

胎儿的五种感觉 …… 54

胎儿大学 …… 55

本周胎教课堂 …… 56

意念胎教课——有助胎儿发育的脑呼吸操 …… 56

●胎教奇葩——斯瑟蒂克胎教法(四) …… 56

准爸爸胎教指南 …… 57

适应妻子的情爱转移 …… 57

孕妈妈“性”趣全无，准爸爸理解为重 …… 58

第8周　准爸爸争做胎教主力

本周宝宝与胎教要点 …… 59

胎宝宝各器官忙碌地发育 …… 59

本周胎教要点 …… 59

胎教理论 …… 60

托马斯·伯尼的胎儿心理学 …… 60

母胎之间的信息传递 …… 61

本周胎教课堂 …… 62

运动胎教课——孕期普拉提 …… 62

怀孕早期普拉提——挤按枕头 …… 64

准爸爸胎教指南 …… 64

陪孕妈妈定期到医院做孕检 …… 64

目 录

Contents

第9周 宝宝初具人形

本周宝宝与胎教要点 …… 65
神经器官开始工作 …… 65
本周胎教要点 …… 65
胎教理论 …… 66
IQ与胎教 …… 66
EQ与胎教 …… 67
本周胎教课堂 …… 68
营养胎教方案——孕3月饮食原则 …… 68
意念胎教课——构想宝宝的样子 …… 68
●胎教奇葩——斯瑟蒂克胎教法(五) …… 69
准爸爸胎教指南 …… 70
陪孕妈妈一起进行胎教学习 …… 70
分享孕妈妈的感觉 …… 71

第10周 胎教的重要性

本周宝宝与胎教要点 …… 72
胎宝宝像个豌豆荚 …… 72
本周胎教要点 …… 72
胎教理论 …… 73
科学理论不断证实着胎教的效果 …… 73
10个月胎教比10年教育重要 …… 73
错过胎教时机将成为毕生的遗憾 …… 74
本周胎教课堂 …… 74
美学胎教课——欣赏一幅美丽图片 …… 74
准爸爸胎教指南 …… 75
积极主动承担家务 …… 75
不宜过度保护孕妈妈 …… 75

Contents

第11周　让心态更详和

本周宝宝与胎教要点 …… 76
胎宝宝开始自由活动了 …… 76
本周胎教要点 …… 76
胎教理论 …… 77
胎教的心理基础 …… 77
孕期心理与胎教的关系 …… 78
本周胎教课堂 …… 79
意念胎教课——将意念传导给胎儿 …… 79
●胎教奇葩——斯瑟蒂克胎教法（六） …… 80
准爸爸胎教指南 …… 80
给孕妇创造温馨的家庭环境 …… 80

第12周　让快乐感染宝宝

本周宝宝与胎教要点 …… 82
胎宝宝像个小小舞蹈家 …… 82
本周胎教要点 …… 82
胎教理论 …… 83
运动胎教 …… 83
运动胎教的作用 …… 83
运动胎教的要点 …… 84
本周胎教课堂 …… 84
运动胎教课——做好散步胎教 …… 84
准爸爸胎教指南 …… 85
陪孕妈妈做运动 …… 85

Contents

第13周　合理补充营养

本周宝宝与胎教要点 …………………… 86
胎宝宝手指出现了指纹 …………………… 86
本周胎教要点 …………………… 86
胎教理论 …………………… 87
音乐胎教对胎儿智力开发具有特殊功能 … 87
胎教音乐的选择——1/f波动理论 ………… 88
本周胎教课堂 …………………… 88
营养胎教方案——孕4月饮食原则 ……… 88
●胎教奇葩——斯瑟蒂克胎教法(七) …… 89
准爸爸胎教指南 …………………… 89
为孕妈妈选择合适的音乐曲目做胎教 …… 89

第14周　养成良好生活习惯

本周宝宝与胎教要点 …………………… 90
胎宝宝会做很多事情了 …………………… 90
本周胎教要点 …………………… 90
胎教理论 …………………… 91
胎儿会继承妈妈的生活习惯 ……………… 91
饮食偏好也会被继承 …………………… 91
本周胎教课堂 …………………… 92
音乐胎教课——名曲欣赏《欢乐颂》 …… 92
准爸爸胎教指南 …………………… 93
帮助妻子生活规律化 …………………… 93
监督孕妈妈饮食起居 …………………… 93

Contents

第15周　胎教无处不在

本周宝宝与胎教要点 …… 94
胎宝宝会打嗝了 …… 94
本周胎教要点 …… 94
胎教理论 …… 95
胎教与胎儿的性格 …… 95
孕妈妈的情绪影响胎儿性格形成 …… 95
本周胎教课堂 …… 96
运动胎教课——孕中期普拉提 …… 96
●胎教奇葩——斯瑟蒂克胎教法(八) …… 97
准爸爸胎教指南 …… 97
营造干净温馨的居室环境 …… 97

第16周　聆听最美的旋律

本周宝宝与胎教要点 …… 98
淘气的胎宝宝 …… 98
本周胎教要点 …… 98
胎教理论 …… 99
音乐心理治疗师解密音乐胎教 …… 99
音乐心理治疗师的"音乐处方" …… 99
本周胎教课堂 …… 100
音乐胎教课——欣赏《宝宝的异想世界》 …… 100
语言胎教课——给宝宝读童谣 …… 101
准爸爸胎教指南 …… 101
欣然接受妻子的变化 …… 101
学会倾听与赞美，为孕妈妈减压 …… 102

Contents

第17周　生命在于运动

本周宝宝与胎教要点 …… 103
胎宝宝可以听到妈妈的声音了 …… 103
本周胎教要点 …… 103
胎教理论 …… 104
每天定时用语言刺激胎宝宝 …… 104
本周胎教课堂 …… 104
营养胎教方案——孕5月饮食原则 …… 104
情绪胎教课——幽默小天地 …… 105
●胎教奇葩——斯瑟蒂克胎教法(九) …… 105
准爸爸胎教指南 …… 106
帮孕妈妈排遣不良情绪 …… 106
让孕妈妈感受到你的爱 …… 106

第18周　轻轻地抚摸你

本周宝宝与胎教要点 …… 107
胎宝宝总是动来动去 …… 107
本周胎教要点 …… 107
胎教理论 …… 108
抚摸胎教 …… 108
抚摸胎教的益处 …… 108
抚摸胎教注意事项 …… 108
不宜实施抚摸胎教的情况 …… 109
对胎儿进行游戏训练 …… 109
本周胎教课堂 …… 110
抚触胎教课——怎样和胎儿做游戏 …… 110
准爸爸胎教指南 …… 110
感觉宝宝的活动 …… 110
给胎儿适度的刺激与锻炼 …… 111

Contents

第19周　一切为了宝宝

本周宝宝与胎教要点 …… 112
胎宝宝会“翻滚”了 …… 112
本周胎教要点 …… 112
胎教理论 …… 113
胎儿听觉的发育 …… 113
用音乐训练胎儿的听觉 …… 114
本周胎教课堂 …… 114
音乐胎教课——欣赏圆舞曲《蓝色多瑙河》 …… 114
语言胎教课——故事《三只小猪》 …… 114
●胎教奇葩——斯瑟蒂克胎教法(十) …… 115
准爸爸胎教指南 …… 116
让宝宝听到你的声音 …… 116
给胎儿讲个声情并茂的故事 …… 116

第20周　无意识的顽皮

本周宝宝与胎教要点 …… 117
胎宝宝开始吞咽羊水了 …… 117
本周胎教要点 …… 117
胎教理论 …… 118
对话胎教 …… 118
每天适当增加对话次数 …… 118
本周胎教课堂 …… 119
语言胎教课——童谣《数字歌》 …… 119
美学胎教课——欣赏一朵花 …… 119
准爸爸胎教指南 …… 120
和孕妈妈一起替未来的宝宝取名字 …… 120

Contents

第21周　胎教尖峰时刻

本周宝宝与胎教要点 …… 121

胎宝宝变得滑溜溜的 …… 121

本周胎教要点 …… 121

胎教理论 …… 122

胎动与胎宝宝安全 …… 122

数胎动胎教 …… 122

本周胎教课堂 …… 123

营养胎教方案——孕6月饮食原则 …… 123

语言胎教课——故事《天堂里的农夫》 … 124

●胎教奇葩——斯瑟蒂克胎教法(十一) … 124

准爸爸胎教指南 …… 125

与胎儿一起“看图说话” …… 125

第22周　与宝宝快乐互动

本周宝宝与胎教要点 …… 126

胎宝宝长眉毛了 …… 126

本周胎教要点 …… 126

胎教理论 …… 127

美术欣赏与胎教 …… 127

插花与胎教 …… 127

本周胎教课堂 …… 128

语言胎教课——给宝宝读唐诗(五言) …… 128

意念胎教课——展开想象之旅 …… 128

准爸爸胎教指南 …… 129

向当爸爸的同事、朋友吸取经验 …… 129

Contents

第23周　积极进行胎教

本周宝宝与胎教要点 …… 130
胎宝宝牙胚开始发育了 …… 130
本周胎教要点 …… 130
胎教理论 …… 131
实施胎教忌懒惰 …… 131
编织让宝宝心灵手巧 …… 131
本周胎教课堂 …… 132
胎教活动课——折纸两例 …… 132
●胎教奇葩——斯瑟蒂克胎教法(十二) …… 133
准爸爸胎教指南 …… 133
丰富家庭业余生活 …… 133
陪孕妈妈一起上产前教育培训班 …… 134

第24周　优化内外环境

本周宝宝与胎教要点 …… 135
胎宝宝可以听到更多的声音 …… 135
本周胎教要点 …… 135
胎教理论 …… 136
环境色彩对胎教的影响 …… 136
注意色彩搭配对情绪的作用 …… 137
本周胎教课堂 …… 137
语言胎教课——给宝宝读唐诗(七言) …… 137
准爸爸胎教指南 …… 138
准爸爸学一学测量宫高的方法 …… 138
为孕妈妈测腹围 …… 139

Contents

第25周　和宝宝娓娓道来

本周宝宝与胎教要点 ………………………… 140
胎宝宝大脑发育高峰期 ……………………… 140
本周胎教要点 ………………………………… 140
胎教理论 ……………………………………… 141
语言胎教 ……………………………………… 141
语言胎教的时间和方法 ……………………… 141
语言胎教的要领 ……………………………… 141
语言胎教的题材 ……………………………… 142
本周胎教课堂 ………………………………… 143
营养胎教方案——孕7月饮食原则 ……… 143
语言胎教课——童话《木偶传说》……… 143
●胎教奇葩——斯瑟蒂克胎教法(十三) … 145
准爸爸胎教指南 ……………………………… 145
准爸爸抚摸胎教，让胎儿感受爱 ………… 145

第26周　进行心灵对话

本周宝宝与胎教要点 ………………………… 146
胎宝宝睁开眼睛了 …………………………… 146
本周胎教要点 ………………………………… 146
胎教理论 ……………………………………… 147
用经典诵读进行胎教 ………………………… 147
本周胎教课堂 ………………………………… 148
抚摸胎教课——推胎儿在宫内“散步” … 148
语言胎教课—— 二十四节气七言诗 …… 149
准爸爸胎教指南 ……………………………… 149
给孕妈妈做按摩的注意事项 ……………… 149

Contents

第27周　蒙特梭利胎教

本周宝宝与胎教要点 …… 150

“停不住”的胎宝宝 …… 150

本周胎教要点 …… 150

胎教理论 …… 151

蒙特梭利经典胎教法1 ——性格训练法 …… 151

蒙特梭利经典胎教法2 ——记忆训练法 …… 151

本周胎教课堂 …… 153

语言胎教课——故事《拔苗助长》 …… 153

胎教活动课——趣味手影 …… 154

●胎教奇葩——斯瑟蒂克胎教法(十四) …… 155

准爸爸胎教指南 …… 155

为孕妈妈准备舒适的衣服、鞋子 …… 155

为爱妻穿衣、系鞋带 …… 156

第28周　给宝宝光刺激

本周宝宝与胎教要点 …… 157

胎宝宝会做梦了 …… 157

本周胎教要点 …… 157

胎教理论 …… 158

光照胎教 …… 158

光照胎教的作用 …… 158

光照胎教的注意事项 …… 158

本周胎教课堂 …… 159

光照胎教课——对胎宝宝进行光敏感训练 …… 159

音乐胎教课——欣赏名曲《月光》 …… 159

准爸爸胎教指南 …… 160

协助孕妈妈做好孕期自我监护 …… 160

Contents

第29周　提升宝宝智力

本周宝宝与胎教要点 …… 161
大脑发育迅速 …… 161
本周胎教要点 …… 161
胎教理论 …… 162
胎教提升宝宝智力 …… 162
本周胎教课堂 …… 164
营养胎教方案——孕8月饮食原则 …… 164
运动胎教课——孕妈妈减压操 …… 164
●胎教奇葩——斯瑟蒂克胎教法(十五) … 165
准爸爸胎教指南 …… 166
胎儿爱听准爸爸的声音 …… 166

第30周　用音乐开发右脑

本周宝宝与胎教要点 …… 167
胎宝宝大脑迅速发育 …… 167
本周胎教要点 …… 167
胎教理论 …… 168
音乐有利于开发胎宝宝的右脑 …… 168
胎教新工具BabyPlus …… 169
本周胎教课堂 …… 170
语言胎教课——故事《神农氏尝百草》… 170
音乐胎教课——欣赏钢琴曲《梦幻曲》… 171
准爸爸胎教指南 …… 171
享受和妻子在一起的乐趣 …… 171
和孕妈妈一起布置婴儿房 …… 172

Contents

第31周　胎教源于生活

本周宝宝与胎教要点 …… 173
胎宝宝不太爱动了 …… 173
本周胎教要点 …… 173
胎教理论 …… 174
绘画、剪纸与胎教 …… 174
十字绣胎教 …… 175
本周胎教课堂 …… 175
情绪胎教方案——向家人或朋友倾诉 …… 175
胎教活动课——剪纸四例 …… 176
●胎教奇葩——斯瑟蒂克胎教法(十六) …… 177
准爸爸胎教指南 …… 178
陪孕妈妈参加社交活动 …… 178

第32周　切忌营养过剩

本周宝宝与胎教要点 …… 179
胎宝宝更像个小婴儿 …… 179
本周胎教要点 …… 179
胎教理论 …… 180
帮助胎宝宝寻找平衡的感觉 …… 180
和胎宝宝玩“藏猫猫” …… 180
本周胎教课堂 …… 181
营养胎教方案——孕9月饮食原则 …… 181
运动胎教课——孕晚期普拉提 …… 181
准爸爸胎教指南 …… 182
随时随地搀扶爱妻 …… 182
帮助孕妈妈翻身 …… 182

Contents

第33周 进行综合胎教

本周宝宝与胎教要点 ………………………… 183
圆乎乎的胎宝宝 ………………………………… 183
本周胎教要点 …………………………………… 183
胎教理论 …………………………………………… 184
综合胎教 …………………………………………… 184
本周胎教课堂 ………………………………………… 184
语言胎教课——童谣《拍手歌》 ………… 184
胎教活动课—— 书法艺术欣赏 ………… 185
●胎教奇葩——斯瑟蒂克胎教法(十七) … 186
准爸爸胎教指南 ……………………………………… 186
学习孕产知识，做好科学育儿准备 ……… 186

第34周 等待中继续胎教

本周宝宝与胎教要点 ………………………… 187
胎宝宝头朝下了 ………………………………… 187
本周胎教要点 …………………………………… 187
胎教理论 …………………………………………… 188
孕期精神刺激对胎儿危害大 ……………… 188
放下不必要的担心 ……………………………… 189
本周胎教课堂 ………………………………………… 189
情绪胎教方案——摆脱不良情绪的方法 … 189
准爸爸胎教指南 ……………………………………… 190
入院前，准备好分娩必需品 ……………… 190
为孕妈妈准备入院待产的物品清单 ……… 191

Contents

第35周　一切都在期待中

本周宝宝与胎教要点 …… 192
胎宝宝生存能力增强了 …… 192
本周胎教要点 …… 192
胎教理论 …… 193
分娩对胎教有何意义 …… 193
本周胎教课堂 …… 194
语言胎教课——故事《没有朋友的老鼠》…… 194
●胎教奇葩——斯瑟蒂克胎教法(十八) …… 195
准爸爸胎教指南 …… 196
随时与妻子保持联系 …… 196
学会让自己放松 …… 196

第36周　适量运动助顺产

本周宝宝与胎教要点 …… 197
胎宝宝肾脏发育完全 …… 197
本周胎教要点 …… 197
胎教理论 …… 198
自然产是最好的胎教刺激 …… 198
正确认识剖宫产 …… 199
本周胎教课堂 …… 200
运动胎教方案——有利分娩的深呼吸操 …… 200
语言胎教课——故事《小猫的新房子》…… 201
准爸爸胎教指南 …… 202
做好准备，随时待命 …… 202

Contents

第37周 坚持就是胜利

本周宝宝与胎教要点 …… 203
胎宝宝是足月儿了 …… 203
本周胎教要点 …… 203
胎教理论 …… 204
临产胎教——将胎教进行到底 …… 204
克服分娩恐惧感 …… 205
本周胎教课堂 …… 205
营养胎教方案——孕10月饮食原则 …… 205
语言胎教课——故事《种子旅行家》 …… 206
●胎教奇葩——斯瑟蒂克胎教法(十九) …… 206
准爸爸胎教指南 …… 207
帮助妻子适应生产环境 …… 207
给孕妈妈准备临产食物 …… 207

第38周 保持良好心态

本周宝宝与胎教要点 …… 208
胎宝宝皮肤光滑了 …… 208
本周胎教要点 …… 208
胎教理论 …… 209
面对分娩充满信心 …… 209
预防产前忧郁 …… 209
本周胎教课堂 …… 210
语言胎教课——故事《太阳、月亮和公鸡》 …… 210
音乐胎教课——《小夜曲》 …… 211
准爸爸胎教指南 …… 211
准爸爸陪产效果更好 …… 211

Contents

第39周　衔接胎教与早教

本周宝宝与胎教要点 …… 212
胎宝宝还在长肉呢 …… 212
本周胎教要点 …… 212
胎教理论 …… 213
胎教与早教的衔接 …… 213
婴儿脑靠快感的经验而发育 …… 214
本周胎教课堂 …… 215
音乐胎教课——《摇篮曲》 …… 215
语言胎教课——故事《孟母择邻》 …… 215
●胎教奇葩——斯瑟蒂克胎教法(二十) …… 216
准爸爸胎教指南 …… 217
准爸爸为爱妻按摩，缓解临产阵痛 …… 217

第40周　胎教最后一课

本周宝宝与胎教要点 …… 218
胎宝宝就要出生了 …… 218
本周胎教要点 …… 218
胎教理论 …… 219
分娩是胎教的最后一课 …… 219
胎教是新生儿早教的良好基础 …… 219
本周胎教课堂 …… 220
语言胎教课——故事《南瓜星上的孩子》 …… 220
音乐胎教课——听古筝曲《渔舟唱晚》 …… 221
准爸爸胎教指南 …… 221
了解新生儿因材施教 …… 221

我心爱的宝贝

——爱心是最好的胎教

我心爱的宝贝，你是生命的种子，是幸福的种子。

当检孕纸上清晰地显示出两条杠时，那一刻妈妈无限惊喜和激动。

当医院检查结果证实你真的来了，妈妈喜出望外。

你真的来了！妈妈一连几个晚上都为你失眠了；

你真的来了！感叹、惊喜、兴奋、焦虑，所有的情绪都围绕着妈妈。

因为你到来，妈妈一直在感恩，妈妈和爸爸一直在为你祈福。

宝贝，你让我们感受到人生的无限美好和幸福！

第1周

提前预约胎教

第1周记：宝宝，尽管你还没有来，但是妈妈一直等待着你！

妈妈可以利用这一时段来做些胎教的准备工作，为你以后的健康成长打好基础，这可是你和我的一次特殊约会哦！

本周宝宝与胎教重点

还没影儿的胎宝宝

现在胎宝宝连个影儿还没有呢，还分别以精子和卵子的“前体”状态存在于爸爸、妈妈体内，爸爸妈妈的营养会成就他“精壮卵肥”的体魄。

孕妈妈身体卵巢中的某一个卵子将从数十年的沉睡中醒来，唯独她将成为那位勇敢精子的“新娘”。至于那位勇敢的精子，目前还在准爸爸的身体里。与其说他勇敢，不如说他更加幸运。他是亿万精子军团中的一员，他们个个都肩负人类传种的使命，尽管最后只有一人成功，但他们个个都义无反顾，勇敢地赴命。

本周胎教要点

· 营养胎教，饮食要规律了。为了给即将到来的胎宝宝提供更健康的孕育环境，计划怀孕的女性要调整饮食习惯，一定要吃早餐，三餐要做到定时定量，并且可以在上午、下午进行加餐，以保证充足的营养。多吃豆制品、蛋类、鱼、绿叶蔬菜、全麦制品，这些食物可充分补充叶酸。

· 运动胎教，特殊时期“慢”锻炼。计划怀孕的女性现在就要加强锻炼，但运动时动作要舒缓，而且要注意保暖，以免着凉感冒，影响受孕。

胎教理论

什么是胎教

胎教就是调节孕期母体的内外环境，促进胚胎发育，改善胎儿素质的科学方法。胎教一方面指孕妇自我调控身心的健康，为胎儿提供良好的生存环境；另一方面指对生长到一定时期的胎儿施加合适的刺激，促进胎儿的生长。

广义胎教和狭义胎教

广义胎教是指，为了促进胎儿生理和心理上的健康成长，同时确保孕产妇能够顺利地渡过孕产期，而采取的精神、饮食、环境、劳逸等各方面的保健措施。有人也把广义胎教称为“间接胎教”。

狭义胎教是指，根据胎儿各感觉器官发育成长的实际情况，有针对性地给予适当合理的信息刺激，使胎儿建立起条件反射，从而促进其大脑机能、躯体运动机能、感觉机能及神经系统机能的成熟。狭义胎教亦可称之为“直接胎教”。

换言之，狭义胎教就是，直接地给胎儿提供视觉、听觉、触觉等方面的教育，如光照、音乐、抚触等，使胎儿大脑神经细胞不断增殖，神经系统和各个器官的功能得到合理的训练，以发掘胎儿的智力潜能，提高胎儿的综合素质。

综上所述，胎教是临床优生学与环境优生学相结合的具体实践措施。

有意胎教与无意胎教

有意胎教是指，怀孕期间有目的、有计划地采用某些方法、创造某些条件，让孕妇和胎儿的身心得到调养。无意胎教是说，没有特意采取某些方法、创造某些条件，但某些日常生活中的行为也能够使孕妇和胎儿的身心得到调养，在无意中产生了有意的效果。

虽然很多孕妈妈“无意插柳柳成荫”，生下优秀的宝宝，但无意胎教存在盲目性和偶然性，所以，有意胎教是值得提倡的。使无意胎教转变为有意胎教，需要孕妈妈在孕前多读一些有关胎教的书刊，增加文化知识，提高个人修养。

本周胎教课堂

营养胎教方案——孕1月饮食原则

❶ 保证热能的充足供给：最好在正常成人需要的2200千卡的基础上，再加400千卡，以供给性生活的消耗，同时为日后受孕积蓄一部分能量。

❷ 保证充足优质蛋白质的供给：男女双方应每天在饮食中摄取优质蛋白质40～60g，保证受精卵的正常发育。

❸ 保证脂肪的供给：脂肪是机体热能的主要来源，其所含必需脂肪酸是构成机体细胞组织不可缺少的物质，增加优质脂肪的摄入对怀孕有益。

❹ 保证充足的无机盐和微量元素的供给：钙、铁、锌、铜等构成骨骼、制造血液、提高智力，维持体内代谢的平衡，

❺ 供给适量的维生素：维生素有助于精子、卵子及受精卵的发育和成长。

具体地说：建议夫妻双方每天摄入肉类150～200g，鸡蛋1～2个，豆制品50～150g，蔬菜500g，水果100～150g，主食400～600g，植物油40～50g，坚果类食物20～50g，牛奶500ml。

胎教奇葩——斯瑟蒂克胎教法（一）

斯瑟蒂克是美国一位普通的母亲，她1945年出生于日本琦玉县，曾经教过一段时间初级英语会话；丈夫约瑟夫是一个从事机械工作的普通技术人员。然而，就是这样一对极普通的父母，却创造了一项惊人的智力奇迹：他们的4个孩子在他们的教育下智商都高达160以上，称为令人瞩目的“天才儿童”。女儿苏珊5岁就从幼儿园直接升至高中，10岁成为全美国最年轻的大学生；斯蒂茜12岁进入大学；斯蒂芬妮11岁已经是高中三年级学生；最小的女儿4岁已经在家学习小学高年级课程……

智商只有120左右的父母，却养育了4个天才儿童，究其原因，他们把这样的成果归功于他们从受孕就开始认真进行的胎教。根据这对夫妇的名字此胎教法被称为斯瑟蒂克胎教法。

准爸爸胎教指南

准爸爸是胎教主力军

胎儿对准爸爸低频率的声音比对孕妈妈高频率的声音还要敏感。因此，宝宝虽然是在孕妈妈的肚子里孕育长大的，可还是会与准爸爸有着一种很自然的亲密关系。准爸爸应陪同孕妈妈一起和胎儿“玩耍”，对胎儿讲故事，描述每天的工作和收获。如果能经常这样对宝宝进行胎教，可以促进与胎儿之间的感情。

准爸爸和孕妈妈一起进行胎教，能让孕妈妈感觉到被重视与疼爱，胎儿也能感受到孕妈妈愉快的心情，这对宝宝以后的情绪培养有帮助，因此准爸爸在胎教中所扮演的角色非常重要。

准爸爸不仅应该积极地配合孕妈妈进行胎教，还应该让自己成为胎教的主力军。

第2周

受孕时的胎教

第2周记：这一周末期将进入排卵期，那是最佳实施怀孕的时间，我和老公会共同调整状态，完成我们的使命。

宝宝，你知道妈妈有多想见你吗？快点来吧！我的宝贝！

本周宝宝与胎教要点

精子与卵子相遇了

本周胎儿依然不存在，但到本周末前后，一批精子与卵子相遇，并释放一种酶，这种酶会使一个精子穿过卵子的保护层，这就是受精的瞬间。受精一旦发生，立即产生化学变化，防止其他精子再进入卵子。

受精后，精卵结合成为受精卵，新的生命才诞生。此刻，宝宝的性别就已经决定了。

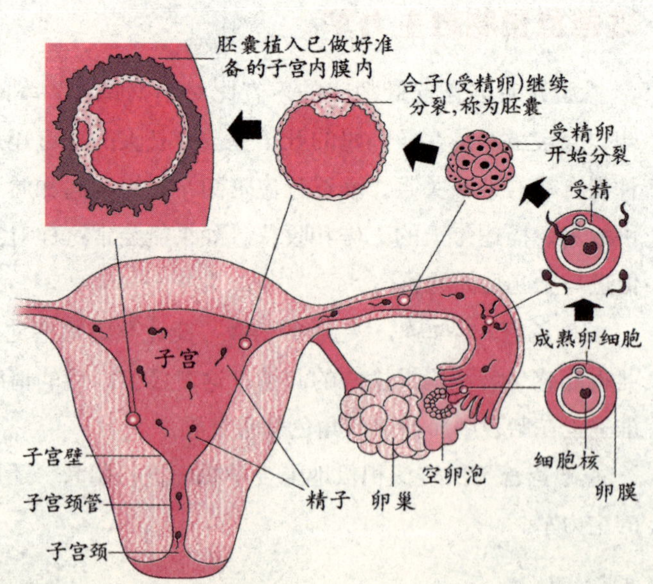

本周胎教要点

·情绪胎教，培养做妈妈的感觉。现在是准备受孕的关键时期，孕妈妈从现在起就要培养自己做妈妈的感觉，无论是身体还是心理都要做好迎接胎宝宝的准备。买一张可爱宝宝的挂图，或者看一些关于妈妈宝宝的杂志，这些都是不错的情绪胎教的内容。

·运动胎教，调理体质。孕妈妈此时的一个重要任务就是通过运动调节自己的体质，为马上就要开始的妊娠奠定基础。工作累了，活动活动手腕、脚腕，动动脖子，伸伸腿，这些都是很好的运动。

胎教理论

胎教的基础是健康怀孕

虽然爱和耐心是最好的胎教方法，但是要想顺利实施胎教，首要的一步就是健康怀孕。

❶ 夫妻双方身体健康，如果有什么疾病，比如糖尿病、高血压、甲状腺疾病和其他生殖系统疾病，都必须到医院检查，咨询医生后再决定是否怀孕，或者等病情控制住了再怀孕。

❷ 在孕前3个月，甚至半年的时间，两个人都不能吸烟或者喝酒，或者乱服药，否则会影响受孕。

❸ 夫妻双方的怀孕年龄也是有讲究的，女性24～28岁是最佳怀孕年龄，但也不绝对，最重要的是两个人的身体条件，身体好的话，晚点生育也没关系。

最重要的一点就是，不要把受孕的那一刻简单地当成生理行为。想想看，你们的小宝宝就在这一刻开始了他的生命之旅，是那么神圣和奇妙。当那颗幸运的、最健康、最富活力的精子经过艰辛的长途跋涉在输卵管中和守候在那里的卵子相遇时，它们结合了，形成了受精卵，之后再经过几天的时间，受精卵在胎儿的家——子宫着床，随后开始漫长的10月怀胎。

所以受孕真的是一个严肃而又神圣的过程，受孕不是简单的生理行为，夫妻双方在各个方面都要想得周全些。

把握受孕瞬间的胎教

每对父母，都希望自己的孩子能继承父母的优点，生一个强壮、聪慧、俊美的宝宝。应注意，受孕瞬间是非常关键的时刻。

祖国医学认为，男女交合时必须心情良好，才能为优生打下良好的基础。《景岳全书》指出："男女交合应在时和气爽，情思清宁，精神闲裕"下进行。这样"得子非唯少疾，且聪慧贤明"。因此，在选择好的最佳受孕日里，下班后应该早些回家，夫妻双方共同操持家务，在和谐愉快的气氛中共进晚餐。

饭后最好夫妻单独呆在一起，再放上一曲轻音乐，一边听一边进行感情交流。可以体会对方的情感和需求，可以表达自己的感受，也可以共同回忆恋爱中的趣事，憧憬未来家庭和孩子的美好，当夫妻双方在情感、思维和行为等方面都达到非常和谐统一的境界再进行同房，在同房的过程中，夫妻双方都应有好的意念，把一些好的意念可以转化为具体的形象，想象大自然中一切美好的东西，引导丈夫以最饱满的激情进入"角色"，极大限度地发挥自己的潜能，掌握好受孕瞬间的胎教不是无稽之谈，做父母的，最大限度地为孩子的健康发育提供可能，这样才能生一个健康、聪明的优秀宝宝。

本周胎教课堂

音乐胎教课——聆听《小星星变奏曲》

这首曲子源自一首法国童谣《哦！妈妈，让我告诉您吧！》，描写情窦初开的少女向母亲表白的歌曲，莫扎特把它改编成钢琴曲《小星星变奏曲》，其中乐曲做了12次变化，曲子旋律单纯质朴，可爱又富有魅力，愉快生动地表现了小星星活泼可爱、变幻多端的模样。

孕妈妈在心情烦躁的时候，不妨听听此曲，是不是很容易就联想到一个可爱的小宝宝在朝你眨眼睛呢？

准爸爸胎教指南

准爸爸参与胎教必不可少

很多准爸爸可能会认为胎教太费时间，再者工作那么忙，哪有时间？其实胎教并不费时间，最重要的是能坚持下来。

1 进入角色

每天早晨起来，都跟孕妈妈肚子里的宝宝打声招呼，下班回来后第一件事情也应该问候一下宝宝；吃饭的时候也可以跟宝宝说说今天吃了些什么，怎么吃才营养等。

2 坚持做胎教

准爸爸应该相信，虽然是隔着老婆的肚皮和宝宝交流，宝宝却是有感应的。每次胎动很厉害的时候，如果准爸爸把手轻轻放在孕妈妈的肚皮上说说话，比如“要乖啊，不然妈妈会很累的。”宝宝就会安静下来。

准爸爸不要以为每天对着孕妈妈的肚子“叽哩呱啦”没有用，而应该调整好心态，想着孕妈妈肚子里的那个小生命，要全身心地投入进行胎教活动。

第3周

好心情好胎教

第3周记： 我的宝贝！你是上天赐给我的最珍贵的礼物！我仿佛看见了你温柔地笑着，我仿佛听见了你咿呀地说着，我的心将听到你话里的甜蜜。

现在，我的身体素质、精神状态和营养状况将直接关系到胎宝宝的体质健康与智力水平，因此这些也将纳入我的胎教的内容中。

本周宝宝与胎教要点

精子与卵子相爱了

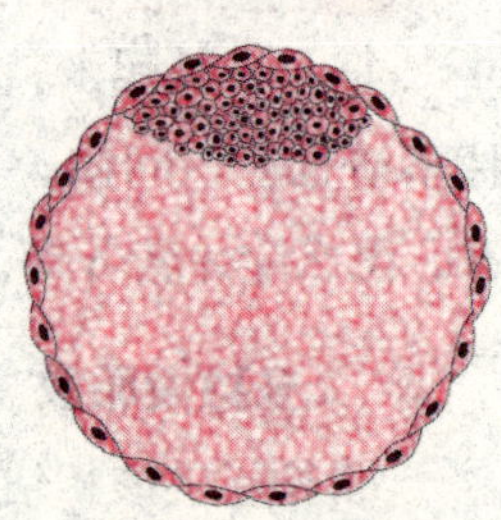

现在，已经有一个强壮的精子幸运地得到了卵子的青睐，它们互相亲吻，成功地结合为受精卵，生命的旅程正式拉开了序幕。

本周胎教要点

·营养胎教，养好肠胃很重要。由于怀孕引起体内激素的改变，很多孕妈妈在孕4周以后都会出现不同程度的早孕反应，而强健的肠胃更能及早适应孕期的激素变化，缓解早孕反应。所以从现在开始，你就要注意更好地调养你的肠胃。

·情绪胎教，放松心态。孕妈妈现在还不能察觉自己是否怀孕，所以总是会被一种莫名的紧张情绪困扰着，这时，学会放松就是你最重要的任务。看一些怀孕的书籍，或者和有经验的朋友多多交流，做到凡事心中有数，自然就不会太紧张了。

胎教理论

胎教的目的

胎教是一种比较特殊的教育，胎儿在宫内的学习与出生后孩子的学前学后教育都不一样，不同于一般的学习概念和学习功利性。

胎教并不是要向胎儿灌输生活知识和科学知识，而是为了促进胎儿的身心发育，提高胎儿的个体功能，对胎儿的心灵起到塑造、健全和完善的作用。也就是说，胎教的目的是为了促使胎儿素质优良化。

胎教的作用

◇能促进胎儿大脑健康发育

由于胎教的内容情感化、艺术化，形象和声音于一体，从而可促进胎儿右脑的发育，使孩子出生后知觉和空间感灵敏，更容易具有音乐、绘画、几何和空间的鉴别能力，并使孩子情感丰富，形象思维活跃，直觉判断准确。同时，胎教给胎儿大脑以新颖鲜明的信息刺激，具有怡情养性的作用，从而又有利于胎儿大脑的健康和成熟。

◇有利于胎儿的心理健康

胎教给胎儿的心理影响是积极的、能动的，不仅有利于胎儿感知能力的培养，而且有利于胎儿情感接受能力的培养，使胎儿未出世就容易在感知、情感等方面与父母相互沟通和交流。触摸胎儿时，胎儿会做出相应的动作；为胎儿播放音乐或唱歌时，胎儿会变得很安宁，这都是感知能力和情感接受能力的体现。这两种能力是基本心理功能，有了这两种能力，胎儿出生后在成长过程中就能更好地接受审美教育，具有想象、直觉、顿悟和灵感能力，并具有情感体验、调节和传达能力，使孩子心理得到健全发展。

◇有利于完善胎儿的人格

胎教对胎儿的影响是整体性的，因此胎教有助于胎儿以及胎儿出生后精神素质各个方面的塑造，即有助于人格的完善。人格又称个性，即一个人各种心理特征的综合。如果一个人能够在人生的开始就受到整体性的审美教育，那么这种教育就会对一个人的心灵产生长远的、深刻的、潜移默化的影响，最终使这个人的人格趋向完善，并使这个人成为一个真诚、善良的人，成为能够自我认识、自我完善和自我实现的人。胎教就是人生最早的审美教育，对一个人的发展起着开创性的作用，如人们常说的那样，良好的开端就是成功的一半。

本周胎教课堂

情绪胎教方案——好情绪就是好胎教

情绪胎教贯穿整个怀孕过程的始终，好情绪就是一种好的胎教。

❶ 饮食起居要有规律，按时作息，行之有效地劳动和锻炼。

❷ 孕妇可以天天看一些可爱的宝宝图像，想象腹中的孩子也是这样美丽、可爱、健康。多欣赏花卉盆景、美术作品和大自然美好的景色，多到大自然中呼吸新鲜空气。

❸ 心胸宽广，乐观舒畅，避免烦恼、惊恐和忧虑，多想孩子远大的前途和美好的未来。

❹ 衣着打扮、梳洗美容应考虑有利于胎儿和自身健康。

❺ 常听优美的音乐，常读诗歌、童话和科学育儿书刊。不看恐怖、紧张、色情、暴力的电视、电影、录像和小说等。不要看刺激性强烈的杂

志、刊物、报纸、电影等，以免出现孕妇心理过于激动的现象。

⑥ 每天和宝宝固定地说话，如早晚同胎儿打招呼，对胎儿讲讲话，把胎儿当作一个能听、能看、能理解父母的、有思想、有生命、有感情的谈话对象。

胎教奇葩——斯瑟蒂克胎教法(二)

斯瑟蒂克在《胎儿都是天才》一书中写道："胎教成功的秘诀就是爱和耐心"。他们总结出了"斯瑟蒂克"胎教法：即"母亲在妊娠中把听到的、看到的、想到的事情，通过自己的声音、身体变化、心理状态等传递给胎儿，而接受了这一切的胎儿在出生时就会具有某种素质，这就是'天才儿童'诞生于寻常百姓家的全部谜底。"

准爸爸胎教指南

准爸爸怎样进行胎教

胎教绝不是母亲一个人的事，和父亲的关系也很大。父亲是母亲接触最多而又最亲密的人，父亲的一举一动，乃至情感态度，不仅可以直接影响到妻子，也会间接影响到妻子腹中的胎儿。准爸爸怎样进行胎教，可从以下几方面进行：

1. 以爱心感染胎儿

胎儿在子宫中即具有感知能力，能感受到父母对他的爱心，父亲的爱心同母亲的爱心一样有利于胎儿的成长。在妊娠期间，丈夫要多陪伴妻子，多做可口的饭菜，同妻子一同观看电影和育儿书籍，处处保护好妻子避免被冲撞及摔跤等。多和妻子一起谈论未来的孩子，如孩子长得像谁，将来要把孩子培养成什么样的人。妻子在丈夫爱的呵护下心情舒畅，食欲增加；胎儿也在爸爸的爱心中健康成长。

2. 帮助胎儿运动

准爸爸可以每天固定一个时间，抚摩妻子的腹部帮助胎儿运动，注意动作须轻柔。

3. 和胎儿对话

和胎儿对话进行胎教是其他方法不可取代的。对话法不仅可训练胎儿的听力和记忆能力，也能增进父母和胎儿之间的感情。同时语言可刺激胎儿的神经系统和大脑皮质，对胎儿脑发育是有益的。与胎儿对话，胎儿会做出反应，有时父亲在开始对话时，母亲就会很快感到胎动增加，说明胎儿能识别父亲的声音。且孩子出生后更早也更容易识别父母的声音，对孩子来说，他会更有安全感，消除了由于环境的改变给他带来的心理上的不安和紧张。

4. 进行音乐胎教

在进行音乐胎教时，准爸爸应帮助孕妈妈备好胎教工具，或一边给胎儿听音乐一边抚摩孕妈妈的腹部，让胎儿在一种温馨的环境中得到教育，也让胎儿得到父母双方的关爱。假如父亲有“音乐细胞”，会乐器或唱歌则更好，每天可选择5～10分钟给小宝宝唱上两首歌或奏上1～2首乐曲，不仅能达到音乐胎教的目的，而且可培孩子的音乐天赋和素养，同时父亲也和孩子交流了感情。

第4周

了解胎教类别

第4周记： 哦！宝宝，你真的来了吗？是的，我的宝宝已经来到我的体内，一个美好的旅程真正开始了。现在，我还没有什么明显的不适。

想想可爱的宝宝与我同在，就不会轻易的发脾气了，保持阳光般的心情最重要！

本周宝宝与胎教要点

神经、循环系统已经出现

胚胎发育还处于非常幼稚的阶段，只有0.36～1毫米长，但许多变化已经发生了。

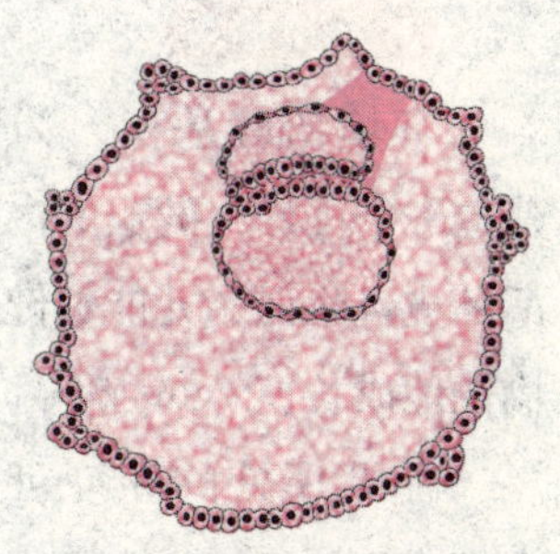

在第4周的时候，胚胎的外胚层出现神经管道，将来脊髓、大脑、神经等会由此而来。在中层心脏和循环系统已经出现。内层中，泌尿系统、肠肺等器官开始形成。

本周胎教要点

·营养胎教，赶走孕期疲劳。身体出现疲劳是孕初的正常反应，及时补充营养物质，可以帮助孕妈妈轻松打败疲劳。一定要定时进餐，尤其是早餐。干果、小点心、水果等营养丰富的小零食也可以帮你保持一个好的精神状态。

·情绪胎教，保持快乐心情。你可能已经晋级为孕妈妈了，这对于每个期待做母亲的女性来讲，都是世界上最快乐的事。所以孕妈妈要时时提醒自己：“宝宝喜欢我高高兴兴的，没有什么事情比这更重要了。”

胎教理论

十大基本胎教方法

胎教的实施方法很多，如果对其进行系统、科学地分类，应该分为下面十种。

1. 营养胎教

营养胎教是根据妊娠期胎儿发育的特点，合理摄取食品中的各种营养素，以促进胎儿的生长发育。

营养是胎儿生长发育的物质基础，大脑的发育需要特定的营养素，所以科学合理的营养供给也是胎教的前提。合理营养并非只是填饱肚子或者吃得越多越好。营养要全面，食品要多样，饮食要有规律，进食要适量。必须补充的营养素有：蛋白质、谷物类、维生素类、微量元素和无机盐类及必须脂肪酸。

2. 环境胎教

环境胎教是指，为胎儿营造一个良好、健康的内外生活环境，确保胎儿能够健康、愉快地成长。

胎儿所处的环境可分为内环境和外环境，内环境指的是胎儿居住于母体内的环境，外环境是孕妈妈所处的生活环境、工作环境及心理环境。

外界环境的优劣能通过孕妇的感受传递给胎儿，因此

孕妈妈居室要安静、舒适、幽雅，还要经常到室外去散步，接触美好的自然环境。

3. 情绪胎教

情绪胎教，是孕妈妈通过对自己的情绪调节，忘掉烦恼和忧虑，创造清新的氛围及和谐的心境，通过自己的神经递质作用，促使胎儿的大脑得以良好的发育。

现代生理学研究发现，孕妈妈的情绪和智力活动直接影响内分泌物质的种类和数量，而内分泌物质经血液流到胎儿体内，使胎儿受到或优或劣的影响。孕妈妈心情稳定会产生好的荷尔蒙，这些好的荷尔蒙会经由内分泌系统传输到胎盘，直接影响胎儿潜能的开发。

4. 语言胎教

孕妈妈及家人用文明礼貌、富于哲理和韵律的语言，有目的地对子宫中的胎儿讲话，给胎儿的大脑新皮质输入最初的语言印记，为后天的学习打下基础，此种方式称为语言胎教。

胎儿不断接受语言波的信息，使其在空白的大脑上增加“语音符号”。优美的语言不但可以刺激胎儿大脑的生长发育，而且可使孕妇进行自身调节，进入愉快和宁静的状态。怀孕后期胎儿已具备了听力和感觉能力，对父母的言行会作出一定的反应，似乎有种“心理感应”，而且出生后会在大脑里形成记忆。

5. 运动胎教

运动胎教是指，孕妈妈适时、适当地进行体育锻炼和帮助胎儿活动，以促进胎儿大脑及肌肉的健康发育。研究表明，凡是在宫内受过“体育”运动训练的胎儿，出生后翻身、坐立、爬行、走路及跳跃等动作的发育都明显早于一般的宝宝。

此外，运动有利于孕妈妈正常妊娠及顺利分娩。

6. 音乐胎教

通过对胎儿有规律地传输优良的乐性声波，促使其脑神经元的轴突、树突及突触的发育，为优化后天的智力及发展音乐天赋奠定基础，称为音乐胎教。

音乐的节奏作用于孕妈妈，也能影响胎儿的生理节奏，使胎儿从音乐当中受到教育。

通过健康的音乐刺激，孕妈妈从中获得安宁与享受，分泌酶和乙胆碱等物质，发送到胎盘，使胎儿心律平稳，对胎儿的大脑发育进行着良好的刺激。

7. 抚触胎教

父母用手轻轻抚摸胎儿或轻轻拍打胎儿，通过孕妇腹壁传达给胎儿，形成触觉上的刺激，促进胎儿感觉神经和大脑的发育。

经过抚摸训练出生的婴儿，肌肉活动力较强，对外界环境的反应较灵敏。出生后，在翻身、爬行、站立、行走等动作的发展上都能提早些。

在抚摸时应注意胎儿的反应，可诱发胎儿“胎动应答”，但如果胎儿用力踢腿，应停止抚摸，宫缩出现过早的孕妇不宜使用抚摸胎教法。

8. 意念胎教

意念胎教是指，孕妈妈积极展开美好的联想，在意识中形成令人愉悦的意念，从而对胎儿的生长发育产生积极的影响。

母亲与胎儿具有心理与生理上的相通，从胎教的角度来看，孕妇的想像是通过意念构成胎教的重要因素，转化、渗透在胎儿的身心感受之中。同时母亲在为胎儿形象的构想中，会使情绪达到最佳的状态，而促进体内具有美容作用的激素增多，使胎儿面部器官的结构组合及皮肤的发育良好，从而塑造出自己理想中的胎儿。

意念胎教其实很宽泛，凡是将良好的心理感受传递给胎儿的有益过程，都属于这一范畴。例如美学胎教，其实属于意念胎教，由于其从审美感受的角度进行胎教，自成体系、蕴涵丰富，所以专门独立出来。

9. 美学胎教

美学胎教是指，通过孕妈妈的身心感受，将美的教育通过生化神经递质传输给胎儿，这样不仅可以促进胎宝宝大脑细胞和神经系统的发育，同时，也陶冶了孕妈妈的情操，促进孕妈妈和胎儿的心理健康。

美学胎教是根据胎儿意识的存在，通过孕妈妈对美的感受而将美的意识传递给胎儿的胎教方法。美的意识主要源于三个方面：形象美、自然美和艺术美。

10. 光照胎教

光照胎教是指，在胎儿期适时地给予光感刺激，促进胎儿视网膜光感受细胞的功能尽早完善。

适度的光照对视网膜以及视神经有益无害。利用彩色超声波观察，光照后，胎儿立即出现转头避光动作，同时，心率略有增加，脐动脉和脑动脉血流量亦均有所增加，这表明胎儿可以看到射入子宫内的光亮。胎儿的感觉功能中，视觉功能发育最晚，7个月的胎儿视网膜才具有感光功能。

本周胎教课堂

情绪胎教课——给自己一个微笑

人的情绪变化与内分泌有关，在情绪紧张或应激状态下，体内一种叫乙酰胆碱的化学物质释放增加，促使肾上腺皮质激素的分泌增多。在孕妇体内这种激素随着母体血液经胎盘进入胎儿体内，而肾上腺皮质激素对胚胎有明显不利作用。

孕期前3个月，正是胎儿各器官形成的重要时期，情绪波动严重，就可能造成胎儿畸形，所以，孕妈妈们每天都开心一点吧，不要吝啬你的微笑。

微笑是一种效果良好的情绪胎教，从现在开始微笑胎教课吧！

1. 每天清晨对着镜子，先给自己一个微笑，在一瞬间，一脸惺忪转为光华润泽，沉睡的细胞苏醒了，新的一天在充满朝气与活力中开始。

2. 在生活中，保持良好的心态，适时给自己一个微笑。微笑既是一种表达，也是一种感染。友好的气氛、融洽的感情，是工作顺利、生活美满的一个重要条件。一个充满欢笑的孕期时光必然是幸福的，也是达到优孕、优生的重要因素。

③孕妇切忌大悲大怒，更不要吵骂争斗。矛盾和分歧是难免的，孕妈妈一切以宝宝为重，一个微笑会化解一切不快。

准爸爸胎教指南

和孕妈妈一起制定孕期日程表

孕妈妈怀孕以后，为了宝宝和孕妈妈自身的健康，在日常生活和产前检查等方面都会有一些需要格外注意的地方，在怀胎十个月的时间里，这些每天都可能需要做的事情会显得有些繁琐，孕妈妈一不小心就容易忘记或忽视，因此准爸爸要帮助孕妈妈制定一张孕期日程表，以提醒孕妈妈需要做些什么。

从怀孕的第一天起，未来宝宝的时间就被排得很满，他每天都有新的进步，器官每天都有新的发育。准爸妈一起制定的这份孕期日程表，最好能够罗列一周必须要做的事情，为了方便迅速查看，最好能从末次月经的第一天开始排起，正好排满40周，让孕妈妈可以每天“照表行动”。

和妻子一起写孕期日记

孕妈妈从怀孕到生育是一个幸福而漫长的过程，会经历许多的喜怒哀乐。对于人生这也是难得的经历，准爸爸不妨和妻子一起记录在孕期的心情感受和美好的经历。

准爸爸可为妻子建立健康档案，按时记下妻子的健康状况和每次产检的结果等。不仅可以为以后的查找提供方便，同时还加深和爱妻的互动，这份特殊的日记，会让你们在孕期充满欢笑。所以，准爸爸们要记得经常把日记本放在床头，和妻子一起写日记。

第5周

成功胎教守则

第5周记：他的小心脏，从现在起就开始在我身体里跳动了。我想我这一生，最幸福的时光莫过于此，我的身体里，包容着一颗小小的心，这颗小小的心，属于我的孩子。

本周宝宝与胎教要点

小海马一样的胎宝宝

在妈妈肚子里的胎宝宝，现在还只是一个小胚胎，就像苹果籽那么大，小模样看起来和小海马一样，身体的各器官正处在迅速形成中。

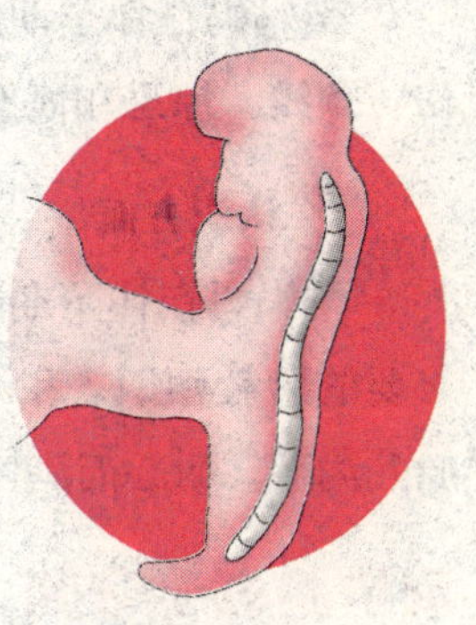

本周细胞迅速分裂，主要的器官如肾脏和肝脏开始生长。连接脑和脊髓的神经管也开始工作，原肠开始发育。面部器官也开始形成，鼻孔可清楚地看到，眼睛的视网膜也开始形成了。

本周胎教要点

·音乐胎教，舒缓身心。优美的音乐不仅可以促进胎宝宝健康成长，还可以帮助孕妈妈调节心理情绪和生理功能，达到舒缓身心的目的。如果有机会，孕妈妈也可以参加胎教专场音乐会，聆听现场优美、动听的音乐，把好心情、好音乐传递给胎宝宝。

· 营养胎教，灵活应对变化的口味。孕妈妈通常口味多变，这时要调整烹饪方式，想吃的时候尽量多吃，还要注意脂肪摄入要充足。

胎教理论

实施胎教的基本要求

1 生活起居方面

孕妈妈在怀孕期间，生活要有规律，要讲卫生，注重保健，饮食要均衡，忌烟戒酒，行动要安稳舒畅，注重科学的生活方式，常到郊外游玩，欣赏自然风景，保持充足的睡眠。

2 生理方面

孕妈妈在怀孕期间，要常请医生检查身体及胎儿方位、指导调养，了解孕期的生理变化，注重身体健康，预防疾病，谨慎用药，节制性生活。

3 心理方面

孕妈妈在怀孕期间，心理要平和，情绪要愉快，要尽量避免抑郁、悲伤、烦躁、惊恐和愤怒等不良情绪。

4 认识方面

孕妈妈在怀孕期间，对胎儿进行胎教时要充满爱心，尊重科学，掌握必要的胎教知识，和准爸爸密切配合，循序渐进，避免急躁情绪，努力和胎儿沟通。耐心而满怀爱心地陪伴胎儿成长。

成功胎教十守则

❶ 充分准备

男、女双方来自不同的家庭环境和背景，两人一定要对“新生命”的来临有共识和周全的准备。

❷ 大家关爱

了解双方家庭中每位成员的态度，争取大家的支持，因为婚育不是个人的事，需要大家的关心爱护。

③ 均衡营养

饮食营养的关键是营养丰富全面，饮食结构合理。

④ 舒适环境

环境要适宜静养，让孕妈妈放松，灯光要柔和些，充满幸福的氛围。

⑤ 生活规律

按时吃饭，保证充足的睡眠，回归健康规律的生活方式。

⑥ 适度运动

适度运动可促进血液循环，提供给胎儿健康成长的气氛，对脑部发育成长十分有效。

⑦ 心情愉快

在家人的祝福和关怀中，享受即将成为母亲的幸福，工作中也要注意保持平稳的情绪和愉快的心情。

⑧ 多听音乐

听轻柔的音乐，能改善孕妈妈的情绪，五至七个月的胎儿听觉逐步发育，音乐有助于宝宝心智发展。

⑨ 积极对话

用爱关心胎儿，积极地和他谈话、打招呼，诸如告诉胎儿今天是几月几日，看到了什么，做了什么事情等等。

⑩ 用心交流

把胎儿时刻留在意识中，带着胎儿一同活动、一同欣赏美的事物，如：养植花卉、学习陶艺，都想到是与宝宝共同进行的，甚至绘画或者捏塑一个想像中的宝宝脸庞等等。

本周胎教课堂

营养胎教方案——孕2月饮食原则

多数孕妈妈在此时会出现早孕反应，心情比较烦躁，食欲比较差，孕妈妈孕2月的饮食原则如下：

❶ 多吃些能开胃健脾、减轻呕吐的食品，如苹果、枇杷、石榴、米汤、白豆、赤豆、鸭蛋、鲈鱼、白萝卜、白菜、冬瓜、淮山药、红枣等。

❷ 进食适量的含蛋白质、脂肪、钙、铁、锌、磷、维生素和叶酸的食物，这样才能使胎儿正常地生长、发育。

❸ 多吃一些对胎儿智力有益的食品，胎儿可以通过母体选择食物迅速改善其脑力。

胎教奇葩——斯瑟蒂克胎教法(三)

四个孩子的母亲——实子·斯瑟蒂克在书中反复强调，他们并不是为了要生一个“天才儿童”才进行胎教的，而是想让孩子今后的人生过得更加幸福和有意义，因此，在孩子未出世时，就让她们对某些事物感兴趣，并培养她们理解这些事物的能力。提醒读者在胎教时绝不能忘记对孩子的爱和对孩子的祝福。如果以生一个“天才”为目的而进行胎教的话，就会使腹中的胎儿感到是被迫的，并由此不愿倾听父母对他讲述的一切。

准爸爸胎教指南

做孕妈妈最坚实的依靠

从怀孕之初起，孕妈妈就处于喜悦与忧虑的矛盾之中，经历从未体验过的生理变化；畅想着宝宝的成长，担心宝宝的健康；面临竞争的压力，

担心自身未来的发展；生理的变化引起自身容貌的改变，担心失去准爸爸的爱；宝宝的吃穿用玩哪一样都得保持高水准，担心陡然增加的经济支出可能压得自己透不过气来。孕妈妈变得多虑，内心也非常敏感和脆弱，甚至会产生恐惧感。对准爸爸的精神依赖比以往任何时候都要强烈，对准爸爸的期望值也更高。这时候，准爸爸就应该做孕妈妈最坚实的依靠，让她在你宽阔的肩膀上找到安全感。

帮助妻子稳定情绪

❶ 要善于洞察妻子的心理活动，把握她在想什么、有什么心事、希望你如何去做等。针对爱人的心理要求，做一些恰巧迎合妻子心理的事情与工作。

❷ 要倍加体贴关怀正在怀孕的妻子，创造良好的家庭氛围，使家庭更为欢快温馨。

❸ 要注意你的言谈举止。丈夫的一言一行，往往对妻子的心灵有很大的触动。比如对妻子所怀胎儿的性别是男是女问题，就不宜过多挂在嘴上。诚然生男生女都会给家庭带来莫大的快慰，但有不少人仍有些旧的世俗观念作祟，这种不依人们意志为转移的问题，很容易给孕妇的思想上造成极大的压力。如果发现妻子不高兴时，丈夫要殷勤地给以安慰，可以给妻子放几段轻松愉快的音乐，谈一些在外面的听闻，讲一些幽默动人的故事等，这都是调节孕妇情绪的良好措施。至于具体到每一对夫妇的身上，应该采取哪些具体的措施，则就视各自的实际情况随机应变了。

第6周

克服早孕反应

第6周记：此时的我已有了明显的妊娠反应，医生说这些令人心烦的症状都是正常的，是孕早期的常见现象，所以我不会因此而放弃进行胎教，此时的胎宝宝更需要我的爱与关怀。

我常常想，天空中的星星，最闪的那一颗，是否就是你？我的宝贝！

本周宝宝与胎教要点

小松子仁一样的胎宝宝

第6周的胎宝宝有小松子仁一样大小了，小小的心脏长出心室，并且开始供血了，四肢的幼芽也开始长出，鼻眼清晰可辨，神经管开始连接大脑和脊髓，新生命的各部分正在紧张筹备中。

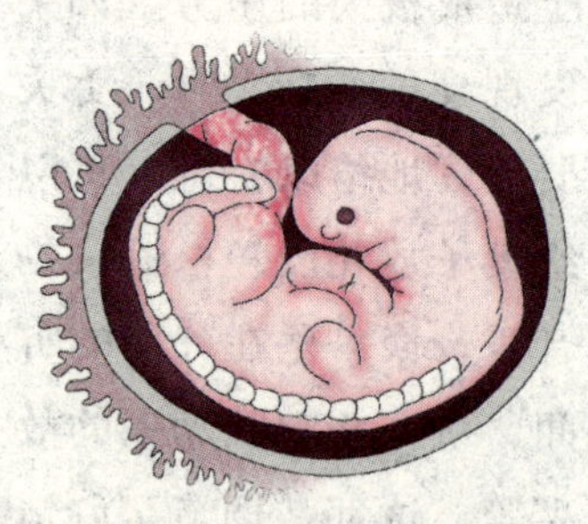

本周胎教要点

·音乐胎教，促进胎宝宝大脑发育。进入孕期第2个月，胎宝宝的听觉器官已经开始发育，在这个月给胎宝宝听音乐，有利于刺激胎宝宝的大脑发育。优良的乐性声波能刺激大脑皮层，促使其脑神经元的轴突、树突及突触发育，使胎宝宝获得兴奋和抑制的平衡。

·情绪胎教，再多一些爱。悲伤或恐惧的情绪，会使血液中对胎宝宝神经系统、血管组织有害的化学物质有所增加。因此孕妈妈要调整好自己的情绪，不要让坏情绪影响到胎宝宝的健康。

胎教理论

孕期营养对胎儿智力起着决定性作用

智力和脑的结构与功能相关，脑的结构和功能又与营养密切相连。如果女性妊娠期营养不好，容易发生流产、早产、死胎、胎儿畸形、胎儿发育不良、体重偏低、智力障碍。营养不良的孕妇所生的婴儿体质弱，易患病，死亡率高，长到上学年龄有30%的人表现出智力低下。

脑细胞数目的多寡和智力水平高低相关，除了遗传因素外，营养因素是大脑发育的重要物质基础。

妊娠期合理地、科学地汲取营养，对孕妇的健康、胎儿的发育，以及婴儿出生后的先天体质基础，都起着决定性作用。体质是智力形成的重要条件之一，智力的发展有赖于体质，体质为人的智力发展提供了物质前提，提供了智力发展的可能性。从胎儿的营养需要看，胎儿各种器官组织发育生长需要得到足够的蛋白质、核酸及其他辅助营养素，特别是脑细胞组织发育，尤其是需要补充充足的蛋白质。

如果能通过母亲的合理饮食，促进胎儿大脑细胞数量的增多与质量的提高，从而使胎儿出生后就具备发展智力的可能性，也能通过改善母亲饮食达到胎儿体、智同时得到发展的可能性。

因此，无论为了母亲

身体健康，还是为了生个健康聪明的孩子，都一定要在大脑发育的关键时刻，保证充分的营养，充分供给孕妇、乳妇、婴儿以丰富的蛋白质、维生素、脂肪等营养物质，以利于大脑发育，保证孩子的聪明健康。

怎样做好营养胎教

优生学家将营养胎教列为孕期第一胎教，说明营养胎教无论是对于孕妈妈还是胎宝宝来说都至关重要，那怎样才能做好营养胎教呢？

❶三餐定时，形成习惯

最理想的吃饭时间为早餐7～8点、午餐12点、晚餐6～7点，不论多忙碌，都应该按时吃饭。

❷三餐定量，营养均衡

三餐都不宜囫囵或合并，且分量要足够，注意热量摄取与营养的均衡，平分在各餐之中。

❸三餐定点，愉快进餐

如果您希望将来宝宝能专心在餐桌旁吃饭，那么您就应该在吃饭的时候固定在一个地点。进食过程从容不迫，保持心情愉快，且不被干扰而影响或打断用餐。

❹以天然的食物为主

孕妈妈应尽量多吃天然原始的食物，如五谷、青菜、新鲜水果等，烹调时也以保留食物原味为主，少用调味料。让宝宝在母亲肚子里就习惯此种饮食模式，加上日后的用心培养，相信母亲能减少对孩子饮食习惯的担心。

本周胎教课堂

环境胎教课——美化孕妈妈居室

美好的环境能对人的神经系统起到调节作用，也能对孕妈妈的性格、心情起到改善、缓和的作用。一个干净整洁、安静舒适的居室还会使孕妈妈从精神上感到愉快。

孕妈妈和准爸爸在美化居室环境方面，须按下面的要求进行：

居室干净舒适

整理居室环境，做到干净整洁、安静舒适、不拥挤、通风透气。

温度适宜

温度以20℃～26℃最好。温度太高会使人感到精神不振、头昏脑涨、全身不适；温度太低使人寒冷难受、容易感冒。夏天可用风扇、空调降温，但不宜让风直吹孕妇；冬季可使用暖气升温，也可使用火炉，但需防止一氧化碳中毒。

特别需要提示的是，孕妇不可直接睡在正在通电的电热毯上。

湿度适宜

湿度以50%为最理想。湿度太低易使人口干舌燥、鼻黏膜充血；湿度太高让人关节酸痛、难受。如果室内湿度太低，可使用加湿器或在床头上放水壶或在室内洒水；如果湿度太高，可开门通风。

室内设施安全方便

室内设施要便于孕妈妈使用，孕妈妈要避免爬高、踮脚等危险动作；将家中设施摆放整齐，以免孕妈妈磕着碰着；光滑地板上要注意铺上防滑设施。

良好的听觉刺激

噪音不利于孕妈妈的健康和胎儿的发育。但是，无声也不利于优生。过于寂静会使孕妈妈感到孤独、寂寞，使胎儿失去听觉刺激。所以，二者均不可取。家中可以经常播放一些有益的胎教音乐，或者经常对胎儿说话。

此外，还要注意在室内做适当的装饰，如摆放一两盆花卉，贴几张可爱娃娃图像或风景画等，让孕妈妈有个良好的心情。

准爸爸胎教指南

学做孕期营养餐，为孕妈妈“加油”

均衡足够的营养是宝宝能否健康发育最重要的因素之一，因此，只有孕妈妈的饮食营养均衡，才能为胎宝宝成长提供所需的养分，才能为宝宝造就先天的好体质。

准爸爸可以为孕妈妈开通私人专用的营养菜单，学着做孕期营养餐，原则上以“大众菜、大众饭”为主，既要色、香、味俱全，也要注意合理的营养搭配，还应做到粗细搭配、荤素搭配。尤其是在孕妈妈发生早孕反应的孕早期，清淡可口而且营养丰富的食物，对孕妈妈的营养补充来说，是十分重要的。

但千万不能胡乱给孕妈妈进补，尤其是不要乱用中药材进补，以免在不了解的情况下，损害孕妈妈的健康。

注意，每位孕妈妈每天需要的总热量随着年龄、活动量、怀孕前的健康状况、工作类别等而异，事先请教一下营养师是个不错的选择。

烹调要符合孕妈妈口味

怀孕后很多孕妈妈饮食习惯发生了变化，有的孕妈妈喜欢吃酸的，有的喜欢吃辣的，因此准爸爸要根据孕妈妈的口味，选择烹调方法。怀孕后多数孕妈妈不喜欢油腻的煎炸食物，所以烹调以炒、炖和清蒸为主。

第7周

了解胎儿的感觉

第7周记：医生说本周是胚胎腭部发育的关键时期，不良的情绪会影响胚胎发育导致腭裂或唇裂，所以我一定要控制不良情绪，保持心情愉悦。另外，在此时期我还要避开可能危害我和胎宝宝的危险物质，尽最大努力保护我肚子里的宝宝！

放心吧！宝贝，我一定会好好保护你的！

本周宝宝与胎教要点

胚胎开始运动了

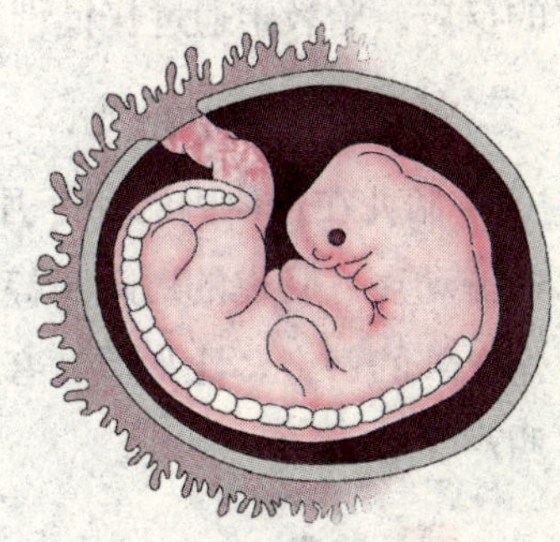

本周的胎宝宝大约有12毫米，头大身小，已经可以凭借四肢幼芽在羊水中轻微地转动了，第6～10周是胚胎腭部发育的关键时期，孕妈妈的好情绪能帮助胎宝宝长出端正漂亮的唇腭。

本周胎教要点

·情绪胎教，保持平和的心态。这一时期胎宝宝的面部雏形正在发育，孕妈妈一定要保持平和淡定的情绪，任何激动不安的情绪对于幼小的胎宝宝来说都是不良打扰。为了你的胎宝宝，告诉自己，宝宝平安，一切都好。

·营养胎教，消食开胃。胃口不好，是孕妈妈常会遇见的难题。害怕孕吐的孕妈妈可以尝试一些凉拌菜，这些凉拌菜能减少对胃黏膜的刺激，如凉拌土豆丝、拍黄瓜、凉拌西瓜皮等，还可以利用柠檬汁、醋等帮助孕妈妈改善胃口。

胎教理论

胎儿的五种感觉

医学研究证实胎儿具有五种感觉，即：听觉、视觉、味觉、嗅觉和触觉。正是由于胎儿具有了这五种感觉，才使得胎教更具有可行性。

1 视觉

胎儿的视觉在孕期第13周形成，但胎儿并没有睁眼看，直到第8个月时，才尝试睁开眼睛。胎儿对光很敏感，在4个月时，胎儿对光就有反应。

2 触觉

胎儿的触觉发育较早。隔着母体触摸胎儿的身体，胎儿就会作出相应的反应。胎教中通过抚摸训练，可使胎儿的灵活性得以锻炼。

3 听觉

胎儿在母体内的10个月中，每天都是伴随着母体心脏的跳动声、血液的流动声、肠道的蠕动声等这些声音度过的。胎儿更感兴趣的还是来自母体之外的声音，比如美妙音乐声、风吹雨打声、汽车的喇叭声、小动物的叫声等等。

4 味觉

胎儿的味觉在孕期第26周形成，从第34周开始喜欢喝带甜味的羊水。

5 嗅觉

胎儿在孕妇体内用不上嗅觉，但出生前嗅觉已发育成熟，一出生，马上就能用上。

胎儿大学

胎儿上“大学”在国外已有20余年的历史了。最早的“胎儿大学”，是20世纪70年代初法国里昂卫生研究所和美国精神生理研究所、休斯顿保健中心等优生优育技术咨询机构创办的。至今已有许多国家，如英国、德国、俄罗斯、加拿大、日本等，设有“胎儿大学”或类似的对孕妇与胎儿的培训场所。

1979年美国加州妇产科专家范德卡尔创办了一所奇特的“胎儿大学”，至今那里的“学生”已超过数千名。担任教师的有产科医生、心理学家和家庭教育学家，入学的新生是妊娠5个月的胎儿。大学的课程主要是语言、音乐和运动。

学校要求，每一个学生都要取一个动听的乳名。这些受过胎儿教育的学生一出世，便可获得一张文凭和一顶学士帽。

下面简要地把这所独特的大学的课程设置和教授方法介绍一下。

语言课

教孕妈妈用特制的扩音器向腹内胎儿反复朗读词句，让胎儿加强记忆，使得胎儿对这些语句产生很深的印象。

音乐课

教孕妈妈把一个玩具乐器放在腹部，奏出乐音，让胎儿经常聆听一些曲子。

运动课

教会孕妈妈让胎儿练习“踢肚游戏”的运动项目，使胎儿有意识地和孕妈妈进行游戏锻炼。

以上“胎儿大学”所开的课程，只是胎教内容的一部分。怀孕5个月以后，还可以陆续进行其他教育，如：心理素质的教育、艺术美的教育、音乐训练、抚摩训练，以及良好习惯的养成等。

范德卡尔认为，这些胎教方法能使婴儿出生后学习进度加速，并认为此法使胎儿智力高超及发育更好，也使他们精神发育方面得以顺利进行。同时，该学院也鼓励孕妇的丈夫参与育婴活动，不仅是在胎儿出生后，也包括妻子怀孕期间。

目前一些大城市也出现了胎儿“大学”，这种教育观念会被一些人接受。随着人生第一教育——胎教的普及，定能提高整体优生水平。

本周胎教课堂

意念胎教课——有助胎儿发育的脑呼吸操

怀孕的第2个月，正是胎儿各器官进行分化的关键时期，孕妈妈可用意念胎教的方法使胎儿发育得更加完善，最常用的是脑呼吸操。

脑呼吸胎教是与简单的基本动作一起冥想的，即从脑运动开始。具体方法如下：

了解脑部各个部位的名称和位置，闭上眼睛，在心里按次序感觉脑、小脑、间脑等的各个部位，想象脑的各个部位并叫出名字。集中意识，这样做可以更清晰地感觉到脑的各个部位。刚开始做脑呼吸时，先在安静的气氛下简短做5分钟左右，在逐渐熟悉方法后，可增加时间。

还可以通过脑呼吸和胎儿进行交流。想象一下肚子里的孩子，想象胎儿的各个身体部位，从内心感觉孩子。脑呼吸的同时对胎儿说话，或写胎教日记，会使胎儿和母亲更容易进行交流。

胎教奇葩——斯瑟蒂克胎教法(四)

1.夫妇密切配合

胎教实施需要夫妇密切配合，需要夫妇对胎教有一致的认识、共同的兴趣和坚持不懈的毅力。

2.注重智力开发

实子夫妇的胎教，可以说是纯人性化的。他们将胎儿作为一个人对待，对胎儿进行各种知识的讲解，其中包括英文字母、平假名、数数方法、加法、减法，一直到自然界的万物及社会常识。

3.强调子宫对话

胎教方法很多，实子夫妇也采用了听音乐、讲故事、学习知识等方法，但这些方法在具体操作过程中，他们用的则主要是子宫对话这一方式。听音乐时要对话、讲故事、学习知识、涵养性情。因此，实子夫妇十分强调子宫对话的重要性。

从学术角度来看，斯瑟蒂克式胎教法不仅有丰富的优生学内容，在教育学、生理心理学、社会学等方面都有深刻的思想、精辟的见解，特别在美学和美育方面，能给人以一定的启示。但它并不深奥，相信胎教者不管懂不懂美学和美育，只要他实施胎教，就自然会运用到美学和美育的观点、方法。斯瑟蒂克式胎教法有助于胎教的美育原理和方法的研究，也有助于现代胎教学的丰富和发展。

准爸爸胎教指南

适应妻子的情爱转移

就要做妈妈了，习惯了二人世界的幸福生活，即将因为小宝宝的出生而改变，其中最为突出的就是妻子对准爸爸的爱的转移。过去温柔体贴的妻子似乎对准爸爸关心不够了，过去经常说的情话减少了，甚至对性生活也有些淡漠了，如此等等。这主要是因为妻子把注意力转移到宝宝身上的原因，并不是因为妻子不爱你了，准爸爸应该适应妻子的这种情爱转移，要理解妻子是在为你们而受苦，是妻子给你带来了新生命的喜悦，要对妻子更体贴。

孕妈妈“性”趣全无，准爸爸理解为重

孕妈妈在怀孕期间，性欲有时会大大减弱，特别是在怀孕的头三四月内，对任何性接触都表现出冷淡或强烈的反感。

对此，准爸爸对孕妈妈应有足够的理解，千万不可过于勉强，尤其是不可粗暴地进行性交。因为在孕早期，胎盘还没有完全形成，胎儿处于不稳定状态，最容易引起流产。

如果孕妈妈性趣不高，准爸爸可以通过拥抱、爱抚等方法，来使彼此得到满足。

第8周

准爸爸争做胎教主力

第8周记：宝贝，好多人都还不知道我有了你，这还是属于我们之间的小秘密，你喜欢这种感觉吗?

虽然现在我的早孕反应还没有结束，并且我讨厌那种恶心的感觉。但我知道胎教是一个持续的过程，我依然会坚持胎教课程的。

本周宝宝与胎教要点

胎宝宝各器官忙碌地发育

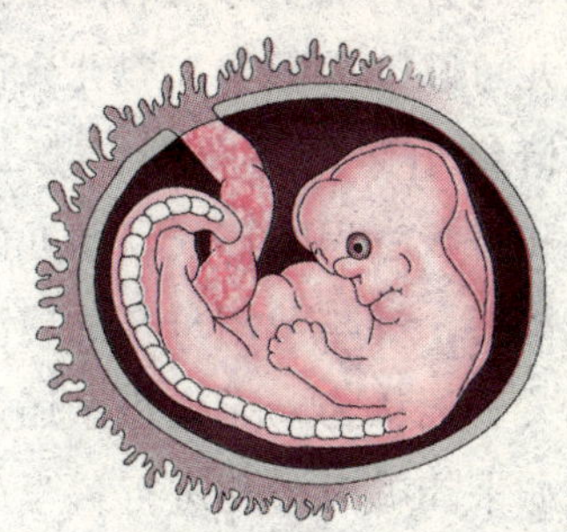

胎宝宝各部位的复杂器官都开始“动工”了。口腔中的牙齿和腭开始发育，头部的耳朵在继续成形，手指和脚趾间有少量的蹼状物。小家伙的皮肤很薄，血管清晰可见，个头长到20毫米左右了。

本周胎教要点

·情绪胎教，保证胎宝宝健康成长。悲伤或恐惧的情绪，会使血液中对胎宝宝神经系统、血管组织有害的化学物质有所增加。因此孕妈妈要保持情绪稳定，心情愉悦，忌大悲大喜。

·营养胎教，预防和缓解便秘。孕期的身体激素水平改变，肠道蠕动功能变差在所难免，便秘十分常见，所以这个时候，孕妈妈的营养胎教重点就是要用饮食缓解恼人的便秘。预防便秘，孕妈妈可以选择多吃麦麸、麦片、绿豆、红豆、红薯、芋头等富含膳食纤维的食物。

· 运动胎教，适量运动身体好。孕妈妈应经常散步、做孕妇体操，避免做剧烈活动，以防流产。

胎教理论

托马斯 · 伯尼的胎儿心理学

对于胎教，自古以来有着各种各样的认识，现代教育学家、心理学家和医学家则努力将它建立在科学的基础上。美国纽约大学教育中心托马斯 · 伯尼博士著有《神秘的胎儿生活》，以大量的研究成果，着重论述了胎儿的潜在能力，强调母亲和胎儿、父亲和胎儿之间的情感交流。他认为胎儿具有思维、感觉和记忆能力，孕妇的心理活动对胎儿有着巨大的影响。母爱对胎儿是非常重要的。

托马斯 · 伯尼用刺激——反应过程，说明母亲的应激反应对胎儿可以造成影响。婴儿食欲不振、情绪不佳、易哭闹，婴儿的性格和自我意识的形成，胎儿的记忆与情感，都与孕期母亲的应激反应有关。他认为，无论母亲还是父亲，如果能够对胎儿进行科学的胎教，就是为未来孩子的幸福作出了极大的贡献。以下介绍托马斯 · 伯尼关于胎儿心理学的几个论点：

◇母亲和胎儿之间是相互影响的

过去人们认为胎儿处于被动状态，没有任何精神和感情活动。而托马斯 · 伯尼认为，胎儿有视觉、听觉和感觉的能力，能够理解母亲的思想和感情。

当母亲极度不安时，胎儿与周围环境保持联系的整体感遭到破坏，他感到处于一个孤立无援的境地。母亲的不安使胎儿兴奋、恐慌、困惑，他会蹬腿、扭动身体，想摆脱不安，这就是在建立一种原始的自我防卫机制。几个月后，胎儿应付不安的体验日益丰富，他不仅能很快理解母亲，还知道该如何对待。所有母亲的不舒适、不愉快、异常的、出乎意料的变动，都会带给胎儿一定的刺激，给胎儿留下记忆的痕迹。

◇胎儿的敏感反应

在胎儿感到舒服时，他们有喜悦的表情；当情绪不佳时，则无精打采。母亲在妊娠期长期情绪不佳，会对孩子的性格、心理产生影响；暂时的、短暂的恐惧、愤怒则不会对胎儿的躯体和精神产生危害。不少婴儿、儿童有精神心理缺陷，这与母亲孕期的情绪有关。当孕妇突然受到惊吓时，下丘脑会即刻发出指令，随后脉搏加快、瞳孔放大、手心出汗、血压升高。孕妇长时间持续这样的状态，会改变胎儿正常的生物节律。

◇胎儿的记忆力

胎儿的记忆能力尽管很微弱，但确实存在，并足以形成胎儿的个性。胎儿的记忆力使胎儿能在胎内学习。有些儿童明显地对胎儿期母亲反复接触的事情表现出较强的接受力，有人甚至能记起胎儿时的情景。这可说明妊娠期胎儿记忆力的存在。

母胎之间的信息传递

❶ 母胎沟通的三条不同途径

国内外不少学者认为胎儿生长发育和信息密切相关。

托马斯·伯尼认为，母亲和胎儿之间的沟通，有三条不同的途径：一是生理信息的传递，二是行为信息的传递，三是感情信息的传递。这三条途径中，都有母亲和胎儿之间互相传递信息的现象。

❷ 母亲是如何把自身的信息传递给胎儿的

有人通过实验研究证实，乙酰胆碱之类的神经递质能够通过胎盘，进入胎体，到达胎儿，这说明神经递质具有传递信息的功能。

现代医学还表明，羊水和胎盘是母子信息沟通的渠道，母体产生的各种激素都带有某种信息，能够通过母血到达胎盘，再通过胎儿血到达羊水，再由羊水到达母血，这一循环过程，也就是信息传递过程，这也验证了上面所提的母亲与胎儿之间的信息传递是相互的。因此，母亲的任何信息，都可以通过胎盘传递给胎儿，胎儿的反应也通过胎盘传递给母亲。

③ 母胎之间信息的传递与储存

信息可以是物质性的，如激素、神经递质，也可以是精神性的，如情感、情绪。

信息或者通过母体间接传递给胎儿，或者直接传递给胎儿(怀孕五六个月后)。

接着是信息储存阶段，五六个月后的胎儿已具有一定的感受能力、记忆能力，会把接收到的信息储存在大脑里，进行信息储存。

胎儿不仅储存信息，还会对各种信息产生反应。良好的信息使胎儿安宁，促进身心发育，恶劣的信息对胎儿的身心发育不利。

胎儿如感到信息良好，则会通过胎盘分泌促进母体维持妊娠的激素，或者通过安宁的状态和正常的胎动表示自己的好感；如感到信息恶劣，则会停止分泌促进母体维持妊娠的激素，或者通过剧烈的胎动表示自己的反感。这是信息输出阶段和信息输入阶段之间存在着的信息反馈现象，把信息反馈给发送者，不断调节信息控制系统，起着调节未来行为的作用。

这种信息反馈现象，能使胎教实施者知道什么信息对胎儿有利，什么信息对胎儿有害，从而更好地调整信息源的质量，更好地选择和发送信息，使胎教获得预定的效果，达到胎儿身心发育健康的目的。

本周胎教课堂

运动胎教课——孕期普拉提

普拉提的特点

全身得以舒展

普拉提与健美操等其他锻炼方式的不同之处就在于，它要求练习者在移动脚步或肩部的时候完全集中自己的注意力。它还强调让横膈膜进入规

律的活动状态，以及掌握正确的呼吸方法从而使气息变得更加匀称。

坚持练习普拉提可以使全身的骨骼变得更加稳固，并让紧张的肌肉放松下来，从而达到让整个身体更加健康的目的。

让孕妇的身心变得平静

在怀孕之后，激素分泌量的增多使孕妇在生理上和心理上发生一系列的变化，随后会出现乳房体积变大，产生恶心感觉等非常明显的症状。

这些身体内部的变化其实是为怀孕和分娩而做的一种准备，所以我们应该把注意力转移到即将出生的孩子身上，从而让自己的心情愉快起来。普拉提不仅能够纠正练习者不正确的姿势和习惯，以保持人体各方面的均衡，还可以给人的内心带来平和的感觉。所以这项运动能够给压力过大的现代人，特别是孕妇带来很大的帮助。

准备阶段

练习普拉提之前先进行咨询

怀孕前三个月进行运动可能引发流产，所以在怀孕初期有运动打算时，一定要先咨询专家的建议。此外还应该注意避免过量或幅度过大的运动。

准备活动

在进行正式运动之前应该先做一做准备。普拉提的准备活动与其他运动的准备活动有很大的区别。其目的并不是舒张和收缩自己的肌肉并让脉博数上升，而是要让整个身体变得平静并进入协调的状态。

在做完准备运动之后，人的身心将会变得平和起来，所有的注意力都会集中到自己的躯体上。这时就可以开始慢慢地、小心地进行活动了。如果在活动的过程中有疲劳感觉，应当立刻停止活动并进行充分的休息。

正确的姿势很重要

普拉提强调的就是保持正确的姿势，这一点对孕妇来说尤为重要。正确的姿势可以解除肌肉的紧张感觉，还能够使血液循环变得更加通畅，并促进人的自由神经发挥作用。在练习普拉提的过程中若姿势不正确，将不会得到任何的锻炼效果。

怀孕早期普拉提——挤按枕头

❶ 平躺，脚底着地。把一只枕头或垫子放在竖着的膝盖当中。确认是否缓解了肩部和颈部的紧张程度。

❷ 运用腹式呼吸的方法，在呼气的时候应该感到肚脐和脊柱相互吸引，同时使劲推挤膝盖之间的枕头。身体的其他部位保持不变，而仅对两个膝盖用力。

❸ 再次吸气的同时轻轻地夹住枕头。将此套动作重复10次。

准爸爸胎教指南

陪孕妈妈定期到医院做孕检

准爸爸应该尽量抽时间陪孕妈妈去做每一次孕检，这不仅能给孕妈妈最大的支持，而且还能一起感受小生命的变化。

孕妈妈的每一次产前检查中，胎儿的发育程度如大小、身长等都会被测量。从孕中期开始，听宝宝胎心就是常规的检查项目了，准爸爸孕妈妈听到宝宝强有力的心跳声，能够更真实地感受到宝宝的存在，这是一件令准爸爸孕妈妈兴奋的事情。

在陪孕妈妈孕检的过程中，准爸爸有机会参与对胎儿的超声波检查，一旦机会来临，准爸爸一定不要错过，因为，这时从屏幕上可以看到还未出世的宝宝打呵欠、翻身的动作，这对准爸爸来说恐怕会成为终身难忘的经历。每一次产前检查都会帮助准爸爸更加有效地了解孕妈妈和胎儿的健康状况，同时也能对医生的态度、医院的服务和硬件设施等情况有所了解，这些都将有助于准爸爸分析出最适合的分娩医院。

第9周

宝宝初具人形

第9周记：从现在开始，不许再把我的宝宝叫胚胎了，大夫说，他已经是一个小胎儿了，他的肝脏已经开始制造血细胞。

我们一定要在了解胎宝宝的前提下，努力学会与胎宝宝进行交流，这样才能促进胎儿的体格和智能发育，才能孕育出一个健康、聪明的宝宝来。

本周宝宝与胎教要点

神经器官开始工作

胎宝宝的小尾巴已经完全消失了，而且所有的神经器官都开始工作了。外观上，手腕部位开始稍微有些弯曲，双脚开始摆脱蹼状的外表，眼帘开始覆盖住眼睛。医学上将9周前的胎儿称为胚胎或胚芽，从第9周开始称为胎儿。

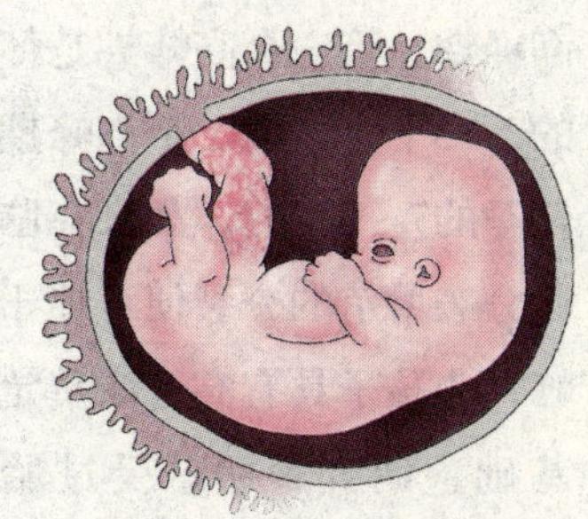

现在的胎宝宝已经告别“胚胎”时代，成为真正意义上的“胎宝宝”了。

本周胎教要点

· 美学胎教，促进胎宝宝神经系统发育。通过美学欣赏，带动孕妈妈的思维运动和情感体验，让胎宝宝间接获得美的教益，对正在发育神经系统的胎宝宝来说，有利于神经元数量和体积的增大，细胞之间的联系增多。

·营养胎教，多吃健脑食品。随着胎宝宝大脑的日渐发育成长，孕妈妈要及时补充有利于脑部发育的营养，为胎宝宝打好大脑的物质基础，将来的小宝宝就会更聪明。鱼、核桃、鸡蛋都是很好的健脑食品，孕妈妈可以根据自己的饮食习惯，适量地增加。

胎教理论

IQ与胎教

1 什么是智商

智力商数，英语名词为intelligence quotient，简称IQ。智商就是智力，智力通常又叫智慧，也叫智能。是人们认识客观事物并运用知识解决实际问题的能力。智力包括多个方面，如观察力、记忆力、想象力、分析判断能力、思维能力、应变能力等。智力的高低通常用智力商数来表示，是用以标示智力发展水平。

2 人类智力与胎教的关系

科学研究表明，大脑细胞分裂增殖主要是在胎儿期完成的，它有两个高峰期。第一个高峰期是怀孕的2～3个月，第二个高峰期是怀孕的7～8个月。如果在脑细胞分袭增殖的分裂便可趋于顶峰，为孩子具有高智商奠定了基础。调查表明，受过胎教(包括音响胎教和运动胎教)的孩子比没有受过胎教的孩子，其智商有明显的优势。

EQ与胎教

1 什么是情商

情商，又称情绪智力，英文名称为emotional　quotient，简写成EQ。情商是近年来心理学家们提出的与智力和智商相对应的概念。它主要是指人在情绪、情感、意志、耐受挫折等方面的品质。以往认为，一个人能否在一生中取得成就，智力水平是第一重要的，即智商越高，取得成就的可能性就越大。但现在心理学家们普遍认为，情商水平的高低对一个人能否取得成功也有着重大的影响作用，有时其作用甚至要超过智力水平。

2 胎儿期已经具有情商潜能

胎儿至婴幼儿期具有很大的情商潜能，这与宝宝脑细胞的发育有关。

千万不要小看肚子里的胎儿，他们完全能理解妈妈的感情。妈妈难过、悲伤、紧张的情绪都会通过神经系统分泌的激素随着血液进入胎儿体内，使宝宝产生与妈妈一样的情绪特征。

在宝宝发育的关键期——胎儿期开始，进行有效控制孕妇体内外的各种条件，有意识地给予胎儿良好的刺激，防止不良因素对胎儿的影响，使婴儿具有更好的先天素质，为出生后的健康成长打下良好的基础。

到了婴幼儿期，情商的一些基本要素已经出现。如9个月大的小孩每次看到其他小朋友跌倒，眼眶就浮起泪水，然后爬到母亲怀里寻求慰籍，仿佛跌倒的是他自己。发展心理学家发现，婴儿还未完全明了人我之分时，便能同情别人的疾苦。几个月大的婴儿看到别人啼哭也会跟着哭。周岁的孩子开始明白别人的痛苦是别人的，但自己仍会感到难过。这种同情心就要加以鼓励引导，培养成孩子的良好情商。

3 从胎儿开始，就要注意培养宝宝的情商

怀胎十月，孕妈妈同时担负着两个生命的新陈代谢，实在不是件很轻松的事，而保持愉悦的心情则是对宝宝最好的胎教。胎儿期，如果母亲心情舒畅，孩子在儿童心理发展的情感、个性、智慧和能力等方面就是良好的。出生后宝宝的直觉力、想象力、空间感、创造力都比较好。

胎教与未来的幼儿教育一样，不要灌输知识，而要培养宝宝在未来人

生中的一种健康心态。对于现在年轻的家长而言，在日常生活中保持平和愉悦的心态非常重要。伴侣双方要配合，给肚子里的宝宝创造一个良好的氛围，让宝宝生活在充满爱与信任的世界里。

建议年轻的孕妈妈、准爸爸们，在繁忙的工作之余，尽量多地创造与腹中宝宝在一起的时间，多和宝宝说说话，告诉你们对宝宝有多爱。你们一起讨论开心的话题时不妨也让宝宝加入进来，这样更有利于宝宝情商的培养。

本周胎教课堂

营养胎教方案——孕3月饮食原则

孕3月是胎儿大脑和骨骼发育初期，而且孕妈妈的早孕反应仍在持续，8～9周是最难受的时候，孕妈妈要注意加强营养，补充因孕吐而损失的营养。孕妈妈孕3月的饮食原则如下：

❶ 要保证蛋白质的摄入量，可以多方面摄入植物蛋白和动物蛋白。

❷ 此期是胎儿大脑和骨骼发育的初期，要注意必需脂肪酸、钙、磷等微量元素的摄入，还要补充适量维生素，包括叶酸。

❸ 孕妈妈还应保证碳水化合物的摄入量。

意念胎教课——构想宝宝的样子

常常怀着美好的心愿，想象宝宝健康的形象，有助于将来生出一个漂亮的宝宝。作为胎教的一课，孕妈妈立即开始尝试吧。

1 画出宝宝的样子

宝宝将会是什么样子呢？头发是直的还是卷的？是单眼皮还是双眼皮？鼻子是坚挺还是小巧？皮肤是白还是黑？身材会不会很高挑？这些直接的形象勾勒，有助于想象过程的真切动人。

想宝宝的时候，孕妈妈就把心里宝宝的样子画出来吧！准爸爸也可以配合，在孕妈妈肚子上画出宝宝的样子。怀着美好的心愿，想象健康的形象，一定有助于将来生出一个漂亮的宝宝！

2 贴几张漂亮的宝宝图

能够拥有一个健健康康、漂漂亮亮的宝宝，是所有爸爸妈妈的心愿。为了更好地实现这个心愿，孕妈妈可以在家贴几张自己喜爱的宝宝图，每天多看一看，借助这张宝宝图进行联想，想象自己胎宝宝的样子。

这种联想会使孕妈妈的情绪达到最佳状态，从而促进体内有利于美容作用的激素增多，使胎宝宝面部器官的结构组合及皮肤的发育良好，从而塑造出自己理想的胎宝宝。

胎教奇葩——斯瑟蒂克胎教法(五)

1. 爱和耐心是做好胎教的最好方法。
2. 胎教不是万能的，不要希望做了胎教，你的孩子就是个神童，那是不现实的。
3. 自己才是胎教的主角，要结合自己的情况选择适合自己的胎教方法。
4. 准爸爸的作用也很重要，爸爸对妈妈的爱，就是对孩子的爱。
5. 生活可以为胎教提供最好的素材，身边的很多东西都可以拿来做胎教。
6. 胎教有两方面的含义，一方面是针对妈妈的，一方面是针对胎儿的。
7. 要相信自己，相信孩子，你一定能做好胎教。

⑧ 爱不分终点、时空，晚来的爱也是爱，少点陪伴的爱也是爱！

⑨ 胎教其实是告诉你胎儿的存在，让你意识到你的身边真的有一个完整的人存在，你们血脉相连。

⑩ 让自己的触觉、视觉、嗅觉同时发挥作用，可以给胎儿更深切的感受。

⑪ 可以边做家务边进行胎教，胎教家务两不误。

⑫ 让大孩子积极参与胎教，可以胎教育儿两不误。

⑬ 教给胎儿比较抽象的东西时，不要担心他学不会，因为这样做的目的只是为了让胎儿的大脑接收更多的良性刺激。

⑭ 父母如果来自两个国度，可以用两种语言进行胎教，不要担心胎儿会混淆两种语言。

⑮ 对于准爸爸外出工作的家庭，晚上要留点时间给准爸爸做胎教。

⑯ 尽量多讲点跟自己生活相关的胎教内容。

准爸爸胎教指南

陪孕妈妈一起进行胎教学习

学习一些必要的孕期常识和分娩知识不仅是孕妈妈的事，准爸爸也有必要参与进来，与孕妈妈一起学习。

首先，准爸爸可以帮孕妈妈挑选合适的关于孕期知识的书籍，有时间的时候读给孕妈妈听，或者是一起看。此外，孕妈妈不方便上网查找资料的时候，准爸爸可以代劳，并将资料整理归纳出来给孕妈妈看。

现在很多医院都开设有“孕妈妈学校”或“准爸爸学习班”，全面教授孕期及产后的育儿知识，准爸爸在课堂里可以学到很多关于怀孕和分娩的必要知识，如果有兴趣准爸爸可以陪孕妈妈去参加。

分享孕妈妈的感觉

孕妈妈需要有人分享她的快乐与忧虑，而准爸爸则是最佳人选。

准爸爸适当地投入孕妈妈的怀孕过程，这是一种对婚姻的承诺，是一种甜蜜的负担，更是准爸爸责无旁贷的责任。但是有些准爸爸的工作真的很忙，无法做到面面俱到，那么你也不必自责或认为自己无法当个好爸爸、好丈夫，只要你有心，和孕妈妈随时沟通，在许可的范围内尽量做到，并不吝于表达自己的关心和爱意，相信孕妈妈能够了解和体谅的。

第10周

胎教的重要性

第10周记： 宝宝已经开始经常活动了——虽然我还没有什么感觉。在水的世界里，小家伙大概会像鱼一样地游动吧！还有，他的脚是蹼状的，像鸭子的蹼。

本周宝宝与胎教要点

胎宝宝像个豌豆荚

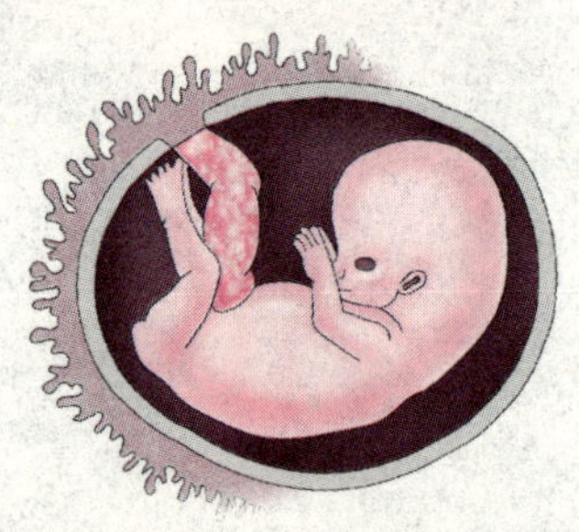

胎宝宝现在就像一个豌豆荚，长约40毫米，重约5克，通过胎盘和母体之间进行物质交换。妊娠的3～6个月是胎宝宝的“脑迅速增长期”，胎宝宝的脑重量不断增加，脑细胞体积增大，神经纤维增长。

本周胎教要点

·运动胎教，和胎宝宝一起动起来。孕早期胎盘和母体子宫壁的连接还不够紧密，很可能由于运动动作不当使子宫受到震动，造成流产。所以孕妈妈应尽量选择慢一些的运动如散步等，应避免过于激烈的运动。

·营养胎教，孕妈妈注意补碘。碘是促进胎宝宝大脑和骨骼发育的重要原料，现在正值胎宝宝大脑的快速发育期，为了预防胎宝宝出现智力缺陷，孕妈妈要注意补碘。此时稍微多吃一些含碘丰富的食物即可，紫菜蛋汤、紫菜饭卷、鳗鱼粥等，都是补碘的美味。

胎教理论

科学理论不断证实着胎教的效果

最近有一些研究成果显示了胎教和孩子出生后的健康水平之间存在着直接的关系，证实了“进行胎教才能生出健康的孩子”。另外，如果孕妇在怀孕期间承受过巨大的精神压力常常会给孩子带来一定的精神问题，也得到了科学论证。因此，要想生出身心健康的孩子，就一定要好好进行胎教。

10个月胎教比10年教育重要

比起出生后进行10年的教育，10个月的胎教却显得更加重要。也就是说，比起孩子出生之后接受的智力开发、英才培养等系统教育，腹中10个月胎教所收到的效果更加明显。

如今，很多父母都相信有效的胎教可以生出聪明又健康的孩子，并把此当作进行胎教的核心理由。各种研究成果都说明了这样的事实是有理论根据的。

一直以来，人们都认为“人类智力有80％受到遗传因素的影响”。但美国的一个研究小组，通过长期的观察和实验得出了“人类智力只有48％受遗传因素影响，剩余52％与胎内环境有关”的论断。

此外，英国著名生物医学博士诺塔尼茨也指出肥胖症、糖尿病、癌症和心脏病等各种疾病，与胎内环境有关。由此我们可以得出结论，没任何东西可以取代胎儿时期对人一生的健康所起到的重大的、决定性影响。

错过胎教时机将成为毕生的遗憾

我们应当清楚的意识到，一旦错过胎教的好机会就再没有挽回的可能性，毕竟孩子出生以后就不会再回去。

从制定怀孕计划时就做出科学的胎教计划，是理想的情况。其实，只要对宝宝充满爱心，从现在就开始胎教，同样能获得明显的效果。

本周胎教课堂

美学胎教课——欣赏一幅美丽图片

一幅美丽的图片，足以让人展开丰富的联想。为了培养宝宝丰富的想象力、独创性以及进取精神，最好的教材莫过于幼儿画册。贴近儿童志趣的图画，更能激起童心。

你可以将画册中每一页所展示的幻想世界，用你富于想象力的大脑放大并传递给胎儿，从而促使胎儿的心灵健康成长。可以选那些色彩丰富、富于幻想的内容，可以是提倡勇敢、理想、幸福的。只要适合胎儿成长的主题都可以采用。利用图片做教材进行胎教时，一定要注意把感情倾注于故事的情节中去，通过语气声调的变化使胎儿了解故事是怎样展开的。

单调和毫无生气的声音是不能唤起胎儿的感受性的，一切喜怒哀乐都将通过富有感情的声调传递给胎儿。

准爸爸胎教指南

积极主动承担家务

一般家庭里，家务活都主要由女性来承担，孕妈妈怀孕期间适当做些家务是没有问题的，而且有利于胎儿的生长发育，如买菜、洗菜、做饭、用洗衣机洗衣服等都是可以的。

但是比如是那些容易磕碰到肚子的活孕妈妈就不适合做，还有像往高处晾晒衣物或者从高处拿东西、挂东西等都是不适合的。孕妈妈也不宜拖地，地滑的话孕妈妈容易摔倒。此外，孕妈妈也不宜抬重物、提拉重物或者弯腰拿东西，如果要拿低处的东西，最好是先蹲下来，再侧身拿，尤其要注意不能压到肚子。

所以，在孕期，准爸爸应该主动承担一些孕妈妈不适合做的家务，有时间的时候就应该多做点，以免孕妈妈过于劳累。还要注意保护孕妈妈的安全，避免孕妈妈遭受外伤。

孕妈妈做一些力所能力的家务时，建议准爸爸不妨给孕妈妈打打下手，以免孕妈妈乏味，还可以增进感情，何乐而不为。

不宜过度保护孕妈妈

妻子怀孕了，准爸爸会特别关心她，有的准爸爸甚至把家务活儿全包下来，什么也不让妻子干，有的还不让妻子上班，担心被挤、被碰着。殊不知，孕妇活动过少，会使体质变弱，不仅可增加难产的发生率，还不利于胎儿的生长发育。另外胎儿生长发育需要新鲜空气和阳光照射，而长期关在室内则对母子健康十分不利。

所以准爸爸不应对孕妈妈保护过度，要鼓励孕妈妈适当到室外活动活动，这样对孕妈妈和胎宝宝的健康都是非常有利的。

第11周

让心态更详和

第11周记：胎宝宝已经像个草莓那么大了，我现在特别注意自己的起居、饮食、劳动量等，以使宝宝受到生理方面的滋养和保护。而且，我还很注意自己的情绪、志趣、品质、言行等，这样可以使胎宝宝受到同化。只有这样，宝宝才能在良性信息的刺激下健康成长。

本周宝宝与胎教要点

胎宝宝开始自由活动了

本周的胎宝宝开始能做吸吮、吞咽和踢腿动作了，这时的身长约45～63毫米，体重约10克，不但维持生命的器官如肝脏、肾、肠、大脑和肺已开始工作，连手指甲和绒毛状的头发等细微之处也开始发育了。胎宝宝的骨骼细胞发育加快，需要大量的钙质补充。

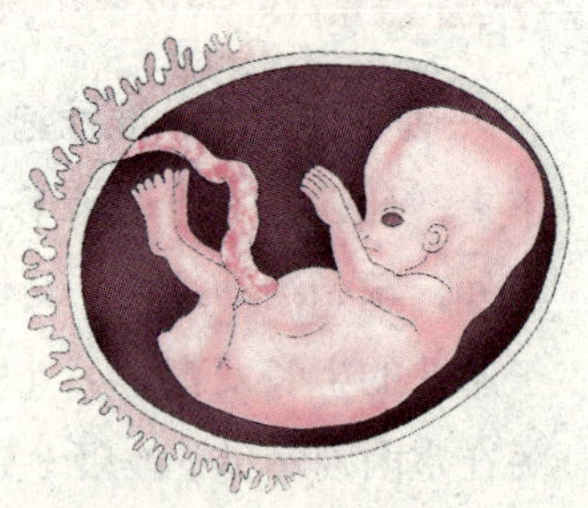

本周胎教要点

·运动胎教，放松腿部肌肉。孕妈妈从现在开始要加强对腿部的锻炼。放松腿部肌肉，以缓解腿部肌肉不适感，如下肢肿胀、双腿发沉、静脉曲张等。

·营养胎教，适量补钙。胎宝宝现在正是长骨头的时候，补钙显得特

别重要。在孕早期，一天约800毫克的钙质就能满足需要了，孕妈妈可以每天喝250毫升牛奶或者酸奶，再从虾皮、芝麻酱、豆制品等食物中摄取一定的钙，还要多晒晒太阳，这些都是补充钙质的有效途径。

胎教理论

胎教的心理基础

心理学研究证明，胎儿并不是闭目塞耳的混沌一团，他的感觉器官和神经系统对母体内外的各种刺激可作出反应，能敏锐地感知妈妈的思考，并感知妈妈的心情、情绪以及对自己的态度。

胎儿医学测知，妊娠3个月时胎儿已具有逃避反射、防御反射、吸吮反射、刺激性呼吸反射等动作。例如，当妈妈猛然饮水时，胎儿有剧烈的踢蹬运动；若用一闪一灭的电光照射孕妇腹部，4个月的胎儿心搏次数会出现剧烈变化。又如，当妈妈进入灯光柔和房间，胎儿十分安静，表示适应；而妈妈进入噪声和阴冷的地方，胎儿则用激烈的胎动来表示厌恶和不满……

临床观察证实，孕妇不安时，胎儿的血氧量就降低；孕妇情绪激动时，胎儿就出现多方面的混乱运动；妊娠晚期，孕妇在做梦时，胎儿的眼睛会随着梦情而转动……科学家们还做过这样的试验：在婴儿室内播放妈妈心脏跳动的录音，婴儿就会变得安静，容易入睡，食欲改善，体重增加，健康少病。这是因为胎儿期不仅受到妈妈体内外环境的作用，也深受妈妈精神活动的巨大影响。

由此可见，孕妇的精神情绪会给未来的孩子带来极大的影响，为了确保您的孩子健康聪明，正常生长发育，并且有较强

的社会适应性，夫妻双方应满怀信心顺利地渡过这10个月的妊娠期。

我国古代医学家很早就提出了妇女怀孕以后“见物而变”的胎教理论，后世将其发扬光大。如隋代的巢原方在《诸病源候论》一书中写道：“妊娠三月名始胎，当此之时，血不流行，形象始化，未有定仪，因感而变。”大体意思是，妇女怀孕3个月时，胚胎已渐次发育成胎儿，这时虽然已从形体上初步成形，但是还没有定型，即所谓“未有定仪”，其可塑性很大，当孕妇见到带有什么特征的东西，她所怀胎儿的形象，包括胎儿的形体和精神，也就会随之产生变化，这就是“见物而变”的本意。

故此给那些想生一个长相漂亮、智力过人、才华出众的孩子的孕妇提出了要求，在孕期内要多想好事，多做善事，多看美好的事物，以期感化腹内的胎儿。通过母亲美与善的良好“见物”刺激，而使胎儿向更加聪明、善良、健康、漂亮的方面“变化”。当然，古人“见物而变”胎教理论的提出，会受当时文化背景的影响，有时代的局限性，但还是有一定的科学价值和实际指导意义的。

孕期心理与胎教的关系

1 宁静详和是最重要的

“宁静即胎教”，孕妇始终保持愉悦的心情，将有助于胎儿的生长发育。

母亲的精神和情绪，通过神经——体液的变化，直接影响胎儿的血液供养、胎儿的呼吸、胎动等方面的变化。宁静详和的情绪有助于孕妇分泌健康激素和酶，起到调节血液量和兴奋神经细胞的作用，可以改善胎盘的供血状况，增强血液中有益成分，使胎儿向着理想的方向发育成长，而孕妇情绪过度紧张、悲痛、忧虑，大脑皮层的高级神经活动和内分泌代谢功能就会发生改变，造成胎儿发育缺陷。

2 保持详和心境的方法

为了孕育一个聪明、健康活泼的孩子，务必给予腹内胎儿博大的爱心，并加强自身修养，学会自我心理调节，善于控制和缓解不健康情绪，不要去回忆以往那些不愉快的往事和想那些办不到的事，而要多去想想好事、开心事。面对逆境和困难，处之泰然，处变不惊。

为自己创造一个安静、舒适、清洁的生活环境，听听轻快、柔和、平缓的音乐，到郊外或公园去欣赏大自然的美景，呼吸新鲜空气，多看一些优美、素雅的图画和活泼、烂漫、欢乐的影视。多一些良性的心理刺激，尽可能避免逆性刺激，这样才对胎儿有利。

本周胎教课堂

意念胎教课——将意念传导给胎儿

孕妈妈逐步放松身体各部位，慢慢入静，进入静、空、自然的心境及思维状态中，然后集中注意力，大脑意想胎儿，好似胎儿的形象浮现在脑海里(如没有这种感觉，胎教可照样进行下面的步骤)。

这时孕妈妈可以通过意识波沟通与胎儿的联系，将信息逐一的、若有若无地通过意念并可以配合语言传导给胎儿，逐步激发胎儿的脑细胞活力，挖掘并强化胎儿的潜意识功能，使胎儿具有接受外界信息的功能。

比如，你想让胎儿知道什么是花，你轻轻闭上双眼，先在头脑中浮现一下胎儿的形象，接着在头脑中想像一种或多种花的样子，同时说：这就是花；接下来，你可以用意念并配合语言告诉胎儿，花的种类、颜色、香味等各种花的知识。

你想培养胎儿勤劳的品德，在你做家务活时，大脑时时意想小宝宝，并将自己的动作象放电影一样，时时在头脑中过一过，同时对胎儿讲讲，人为什么应该勤劳。

逐渐地，你可以将各种期望以及科学知识有浅入深、有感性到理性灌输给胎儿。在这一阶段，每次以10分钟的时间为宜，一天一至两次，根据大人的精力及胎儿的反应情况决定是否逐步延长胎教时间。

胎教奇葩——斯瑟蒂克胎教法（六）

斯瑟蒂克优生并不全在于遗传因子的优劣，创造新生命的父母身心是否健康也是十分重要的。必须具备的前提条件是：你们夫妇俩希望受孕，但受孕决不能是性欲和偶然的产物。夫妇双方对怀孕应有充分的思想准备，不要出现“糟糕，我怀孕了”这样的情况。

夫妇双方提前做好受孕及孕期胎教计划是必要的。当你们之间有不稳定的因素存在，有一触即发的危机感存在时，应避免受孕。因为担惊受怕、怨恨、牢骚一旦积累起来，身体内的血液与体液就会相应地偏向酸性，从而使健康的体内平衡遭到破坏，在这种状态下生成的精子和卵子也会变得不健康。众所周知，为了使身体机能正常发挥，最佳的体液是呈弱碱性的，而这一状态的形成，情绪因素比食物因素显得更为重要。当未来的母亲充满着幸福感，而丈夫也感觉到幸福时，这便是受孕的最理想时刻。

准爸爸胎教指南

给孕妇创造温馨的家庭环境

有一个温馨的家庭环境，对于调节孕妇的精神情绪，增强胎教的信心，激起对未来生活的期盼等都大有裨益。

怎样才能给孕妇创造一个温馨的家庭环境呢？在这个问题上可是大有学问。从有益于调节孕妇的精神情绪来说，置办必要的家庭设施当然重要，但关键是要精神上更多的“投入”，使夫妻生活更趋和谐。

互敬互爱

夫妻间互敬互爱是共同创造温馨家庭的感情基础。只要夫妻之间做到相互尊敬，即使有点意见和分歧，也能开诚布公地妥善解决。

互信互勉

夫妻间互信互勉是共同创造温馨家庭的心理保障。夫妻间必须相互信任，相互理解，相互激励，相互鞭策，使彼此恩爱有加，和睦相处。

互助互让

夫妻间互助互让是共同创造温馨家庭的根本。男女之间由于生理特点不同，在不同的时期夫妻双方在家庭中就有不同的分工和义务。尤其是当女方受孕以后，丈夫更应多帮助妻子干些家务、有好的食物也要让着妻子吃。在妻子受孕初期，由于突然的生理改变，导致心理上也相应发生一些变化，易于烦躁，容易唠叨，这时丈夫要有君子之风，应更多地帮助迁让妻子，这是不容忽视的一点。

互谅互慰

夫妻互谅互慰是共同创造温馨家庭的关键。在家庭生活中，夫妻之间相互体谅和抚慰，就可以使夫妻之间的感情更为密切。当妻子怀孕以后，平日经常干的家务活不能胜任了，丈夫应体谅妻子，主动去承揽这些家务，并且还要多给妻子一点抚慰，这样才能使孕妇安全顺利地度过妊娠期。

第12周

让快乐感染宝宝

第12周记：亲爱的小宝贝，有了你之后，我觉得我变了很多，好像我孕育的不是一个人，而是一个世界。

在与胎宝宝相处的日子里，不良情绪对胎宝宝的生长发育是非常不利的。所以我始终都保持一个良好的心情，我知道，我快乐宝宝也快乐！

本周宝宝与胎教要点

胎宝宝像个小小舞蹈家

胎宝宝长到大约90毫米了，手指和脚趾已经完全分开，部分骨骼开始变得坚硬，并出现关节雏形。现在的胎宝宝初具人形了，不甘寂寞地在孕妈妈体内频繁运动，偶尔踢踢腿、舒展一下身体，就像是在跳舞一样。

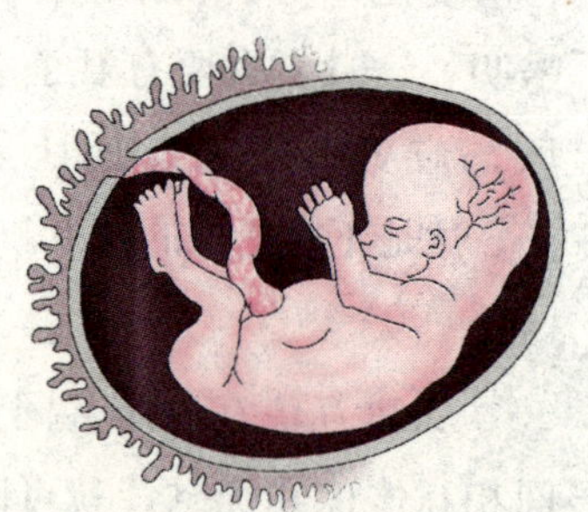

本周胎教要点

·音乐胎教，培养胎宝宝的感受性。孕妈妈的稳定情绪是给胎宝宝的良好胎教。孕妈妈可以听一些充满诗情画意的世界名曲，宁静舒缓或轻柔欢快的音乐将给胎宝宝以安宁感，使胎宝宝心律平稳，对大脑发育产生良性刺激，并培养胎宝宝良好的感受性。

·意念胎教，与胎宝宝心意相通。宝宝开始频繁活动了。欣喜的同

时，孕妈妈可以根据自己和丈夫的模样，模拟一下宝宝将来的样子，可以任意地想象，多漂亮都不过分。胎宝宝和妈妈身体相连，心灵相通，能通过妈妈的意念去感受妈妈的所思所想。

胎教理论

运动胎教

有人将运动胎教称之为体育胎教，是指孕妈妈通过一定的体育锻炼达到促进母子身体健康、促进分娩的一种胎教方法。另外，运动胎教不仅可以孕妈妈自己进行，准爸爸也可以陪孕妈妈一同运动，这样做不但可以达到胎教的目的，还可以增进夫妻间的感情。

运动胎教的作用

❶ 促进胎宝宝的大脑发育。孕妈妈适当运动，可向大脑提供充足的氧气，促使大脑释放脑啡肽等有益的物质，并通过胎盘输送给胎宝宝；孕妈妈做运动会使羊水摇动，摇动的羊水可刺激胎宝宝全身的皮肤，就像给胎宝宝做按摩。这些对胎宝宝的大脑发育十分有利，会使胎宝宝更聪明。

❷ 控制孕妈妈体重过快增长。运动可以使孕妈妈身体过多的热量得到消耗，并促进水钠代谢，身体水肿的状况减轻，并控制体重的过快增长。

❸ 减轻孕妈妈身体不适感。孕妈妈进行适当的运动，可促进新陈代谢，增强心肺功能，加快血液循环，防止静脉曲张和便秘的发生，并可减轻因子宫的日益增大引起的腰痛、腰酸及腰部沉重感。

❹ 促进胎宝宝正常生长发育。运动不仅能保障孕妈妈自身健康，还可增加胎宝宝的血液供氧，从而促进生长发育。

❺ 促进孕妈妈和胎宝宝对钙的吸收。孕妈妈去户外运动，可呼吸到大量新鲜空气，阳光中的紫外线可以促进皮肤中脱氢胆固醇转变为维生素D，促进钙、磷的吸收利用，既能防止孕妈妈发生骨质软化症，又有利于胎宝宝骨骼发育。

❻ 防止胎宝宝过于肥胖。经常适当运动，使孕妈妈体重增长得到控制，脂肪细胞减少，还可给胎宝宝“减肥”，这样，既可有利于自然分娩，防止生出巨大儿，又为避免肥胖症、高血压及心血管疾病奠定了良好的先天基础。

❼ 有助于顺利分娩。经常适当运动，可增强孕妈妈腰背肌、腹肌和盆底肌的弹性和力量，使韧带、关节变得松弛、柔软，有利于分娩时肌肉的放松，减少产道阻力，为顺利分娩创造良好的条件。

❽ 对孕妈妈产后体形恢复有帮助。运动可使孕妈妈在分娩时产痛减轻，产程缩短，并减少产道裂伤和产后出血。临床研究结果表明，孕妈妈坚持做孕妈妈体操，其正常阴道分娩率明显高于未做健身操者，产程也较短。

运动胎教的要点

孕早期，胎宝宝尚未稳定“安家”，而且孕妈妈受妊娠反应的影响，体力较差，进行比较舒缓的运动是最佳选择。

孕中期，妊娠反应已经减缓，而且身体状况不错，胎宝宝也更加稳定了。此时运动幅度可以稍微大一些，如练习孕妈妈体操、瑜伽等，孕前有游泳爱好的孕妈妈此时也可以继续游泳。

孕晚期是整个孕期最疲劳的时期，孕妈妈应以休息为主。此期的运动锻炼应视孕妇的自身条件而定。

本周胎教课堂

运动胎教课——做好散步胎教

散步是非常适合孕妈妈的运动，不仅能够促进胎儿的大脑发育，而且

还兼有胎教的功效。孕妈妈散步比坐着的时候，氧气的供给量要高出2～3倍，散步还能让心情变得愉悦和放松。观看大自然的景色、聊天，对于孕妈妈来说无疑是一种美的精神享受。而孕妈妈的心情愉快，头脑清醒，有利于消除疲劳，利于胎儿的健康成长。

散步应选择在风和日丽的天气中进行，如果有雾、下雨、刮风及天气骤变时不宜外出，以免感冒。

散步还应选择在道路平坦、环境优美、空气清新的地方，有准爸爸或家人的陪同就更好了。

散步时，无论看到什么景象，都可以将其变成有趣的话题讲给胎儿听，这样，和语言胎教结合起来，效果更佳。

散步的时间最好是在上午10点到下午2点左右，因为这个时间段是一天之中母体子宫最放松的时间。

准爸爸胎教指南

陪孕妈妈做运动

孕期适当活动好处多多，能促进机体新陈代谢与血液循环，增强心、肺功能，助消化，增强全身肌肉力量，还可加强胎儿的脂肪代谢，防止胎儿巨大。

所以，准爸爸要注意引导和陪同孕妈妈做运动，最好能一起去室外活动，这样可以经常呼吸新鲜空气，并获得充分阳光，有利于胎儿骨骼的发育，也可防止孕妈妈骨骼软化。

在怀孕早、中期，孕妈妈身体尚灵活，准爸爸可以根据孕妈妈的身体素质和爱好，陪她适当地参加一些太极拳、散步、孕妈妈体操等运动。

哪怕工作再忙，准爸爸也要争取每天抽出时间陪妻子散散步等，这些亲密小举动将会永远保存在孕妈妈的甜蜜回忆里。

准爸爸是孕妈妈最好的运动监督者和指导老师，一个贴心的准爸爸应该熟知孕期运动的注意事项，保证孕妈妈能安全地进行身体锻炼。

第13周

合理补充营养

第13周记： 从本周开始，我就进入了孕中期阶段，基本上告别了早孕反应的不适。

此时，腹中的胎宝宝各个器官和组织开始进入迅速发育期，对营养物质的需求非常大。因此，这个时期我要更加注意加强营养，并保证食物的质量，使营养均衡摄入。

本周宝宝与胎教要点

胎宝宝手指出现了指纹

胎宝宝现在个头更大点儿了。两眼之间距离开始拉近，肝脏肾脏都开始工作了。胎儿的手指上出现了的指纹。胎宝宝比上周更为敏捷，神经元迅速增多，神经突触形成，条件反射能力加强。此时如果用手轻触孕妈妈的腹部，胎宝宝就会在里面蠕动起来，不过孕妈妈是感觉不到的。

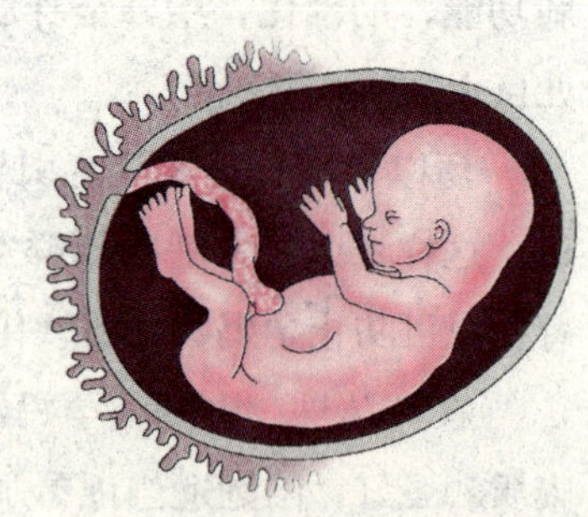

本周胎教要点

· 语言胎教，输入最初的语言印记。胎宝宝开始对外界的声音有所感觉了。这个时候是胎宝宝感受语言的最初阶段，熟悉妈妈和爸爸的声音，从现在开始啦！孕妈妈和准爸爸可以给胎宝宝讲一些自己熟悉的故事等。

· 营养胎教，保证能量摄入。这个月是胎宝宝大脑高速发育的时期。虽然孕妈妈的胃口变化不定，但一定要保证足够的能量摄入，这对胎宝宝来说非常关键，切不可因为体态的改变而有意无意地节食减肥，既要吃得好，还要吃得够。

胎教理论

音乐胎教对胎儿智力开发具有特殊功能

音乐是一种有节奏的空气压力波，对人类的心理活动与生理活动有着极大的影响。音乐的物质运动过程与人体的物质运动过程比较一致。音乐的节奏作用于孕妈妈，也能影响胎儿的生理节奏，使胎儿从音乐当中受到教育。

音乐胎教是对胎儿智力开发具有特殊功能的一种方法，可从以下3方面进行。

❶ 选择孕妇喜爱的音乐，以动听悦耳的轻音乐为主

优美的音乐能使孕妇分泌更多的乙酰胆碱等物质，改善子宫的血流量，从而促进胎儿的生长发育，而且还能使胎儿在子宫内安稳。

音乐的节律性振动对胎儿的脑发育也是一种良好的刺激，这将促使胎儿大脑发育。

❷ 父母唱歌给胎儿听

父母的歌声对胎儿是一种良好的刺激，能促使胎儿大脑健康发育，也是父母与胎儿建立最初感情的最佳通道。

❸ 胎教传声器

胎教传声器要求无磁，音乐频率范围在500Hz～1500Hz之间。选择噪音小、配器简单的音乐，白天听轻松欢快的乐曲，使胎儿处于兴奋状态，晚上听柔美小夜曲，使胎儿进入睡眠状态。

胎教音乐的选择——1/f波动理论

1 心理声学及音乐心理学的基础

近代音乐心理学的研究告诉我们，音乐由人脑的右半球主使，而右脑开发得越早就越能增强人的形象思维能力。而从胎儿能感知声音就对其施以音乐的激励，让小生命在无忧无虑的条件下接受“启蒙教育”，这对提高我们后代的智力和素质大有好处。

2 选定节目的理论基础

研究还表明，1/f波动的声音才能带来有益的刺激，并通过听觉中枢传导系统作用于大脑，引起神经细胞的兴奋性，改变下丘脑递质的释放，从而调节内分泌系统及植物神经系统的活动，促使人体分泌一些有益于健康的激素、酶、乙酰胆碱等，使机体保持在极性状态。

自然界中，诸如大海和波涛，瀑布和溪流，微风轻吹的声音，以及一些鼓乐、经典名曲等，听到这类声音能使人心情坦然，给人以一种无形的抽象安慰。这就是“1/f波动理论”。

本周胎教课堂

营养胎教方案——孕4月饮食原则

孕4月，胎盘已经形成，流产的可能性减少许多，基本上进入安定期。孕妈妈孕吐基本结束，容易出现贫血。孕妈妈孕4月的饮食原则如下：

1. 多补充铁质，以防贫血。
2. 孕4月，胎儿的骨骼与内脏迅速发育，需要更多的优质蛋白质、钙、锌、植物脂肪等营养素。
3. 因胎儿发育较快，还应吃些富含维生素E的食物，以预防流产。

胎教奇葩——斯瑟蒂克胎教法(七)

斯瑟蒂克夫妇认为母亲和胎儿是“一心同体”的，母亲的生活如果没有规律，胎儿当然不会有很自然的生活节奏。因此，他们认为制订一个妊娠期间胎教的总课程是非常必要的。他们把10个月的孕期分为前期和后期，从受孕到怀孕4个月为前期，从怀孕第5个月到分娩为后期。再根据不同时期的特点制订有针对性的胎教计划。一旦制订好了胎教计划，最好不要改变。这个“一成不变”是很重要的，因为这是让胎儿对母亲产生信赖的唯一方法，这种信赖关系一旦确立，胎儿什么时候想听故事，什么时候高兴得动弹，什么时候休息，都能通过身体感觉得到。

准爸爸胎教指南

为孕妈妈选择合适的音乐曲目做胎教

一般，世界名曲中的一些舒缓、轻柔、欢快的乐段很适合拿来做胎教音乐，但悲壮、激烈、亢奋的乐段不适合做胎教，会影响胎儿的正常发育，严重的会造成婴儿心理闭锁。

准爸爸应为孕妈妈选择一些节奏柔和舒缓的轻音乐，像一些节奏起伏比较大的交响乐，尤其是摇滚乐、迪斯科舞曲等刺激性较强的音乐，都不适合孕妈妈听。

用来作为胎教音乐的曲子应该在频率、节奏、力度和混响分贝范围等方面，尽可能与孕妈妈子宫内的胎音合拍、共振，胎教音乐的音频应该保持在2000赫兹以下，噪声不要超过85分贝。

给胎儿听的音乐最好是选择经过医学界优生学会审定的胎教音乐，经过专业选择和设计的音乐对胎儿的伤害可以控制到最低。

第14周

养成良好生活习惯

第14周记：在早孕反应结束后，我们就可以着手制订美容计划并加以实施了。这种做法对胎宝宝来说不但是一种胎教，还能提高胎宝宝对美的感知能力。我们何乐而不为呢？

本周宝宝与胎教要点

胎宝宝会做很多事情了

胎儿此时已经可以做很多事情了，如皱眉，做鬼脸，斜着眼睛，也会吸吮自己的手指等，科学证明，这些动作可以促进大脑发育。如果是女胎，她的卵巢里现在大约有200万个卵子，出生时就仅存100万个了，等她长大时，会越来越少，到17岁时可能仅剩20多万个。

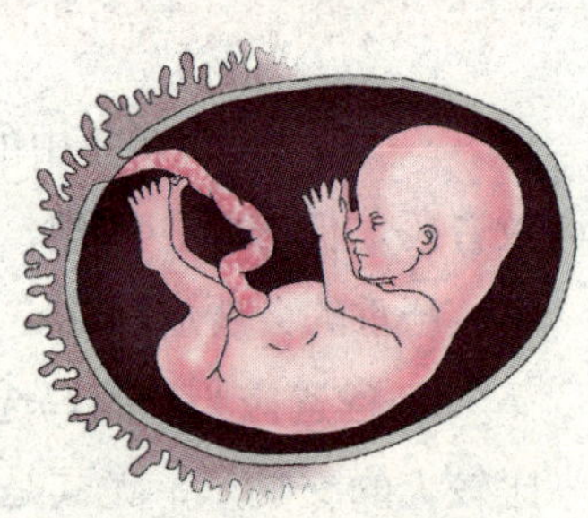

本周胎教要点

·营养胎教，继续补充钙质。胎宝宝在孕妈妈肚子里努力地成长着，这个时候他需要持续足量的钙质供应，食补是最好的补钙方式，孕妈妈可以多吃一些乳酪、牛奶、芝麻酱、虾米等。

·情绪胎教，多一些耐心。对胎宝宝多些耐心。其实孕妈妈所做的一切，胎宝宝都是可以感受得到的。在闲暇的时候，可以搜集一些好看的树叶或者花瓣，把它们放在日记本的夹层里，做成简单的书签。当然你也可

以根据自己的喜好，搜集一些其他的小玩意，搜集的过程可以锻炼一个人的耐心。

胎教理论

胎儿会继承妈妈的生活习惯

国外有关专家曾做过一个试验，他把参加试验的孕妈妈分成晚睡和早起两组，然后对这两组孕妈妈进行跟踪调查，结果发现，晚睡组孕妈妈所生的宝宝同他(她)们的孕妈妈一样都喜欢晚睡，而早起组孕妈妈所生的宝宝也同他(她)们的妈妈一样具有早起的习惯。这个试验表明，新生儿的睡眠习惯是受到孕妈妈的睡眠习惯影响的。这种现象如果用生理方面的知识解释的话，可以得出这样一个结论：胎儿在母体中发育成长的几个月内，可能和孕妈妈在某些方面有着共同的节律，从而使孕妈妈的习惯直接影响到胎儿的习惯。

饮食偏好也会被继承

美国科学家们在实验中发现，胎宝宝能通过子宫“品尝”到食物的味道。孕妈妈偏爱某种食物，那么胎儿可能通过子宫“品尝”到该食物的味道，这种首次的味觉体验会对孩子将来的饮食喜好产生直接的影响。

不仅如此，科学家们还发现，胎宝宝除了能“品尝”到食物的味道外，还有超强的记忆力。为此，科学家们做了一个有趣的实验，他们让一些孕妇在妊娠的最后3个月，定时服用胡萝卜汁，另外一些孕妇分娩后服用。结果发现：那些在出生前就“接触”过胡萝卜汁的宝宝，不仅能顺利接受这种食物，并且表现出喜欢的倾向；但对于那些出生前没有“接触”过胡

萝卜汁的婴儿来说，显然他们对这种食物不太喜欢。

从实验当中科学家们得出这样一个结论：宝宝熟悉母亲曾吃过的食物味道，由此获得了这样的信息：什么食物是安全的，什么食物是可食用的。

看来，这是一个非常奇妙的体系。婴儿在出生前首先在羊水中“认识”这种味道，然后在母乳中得到，最后在餐桌前首次食用。在羊水或母乳中对食物味道的体验，可能有助于孩子断奶后对这种食品的接受程度。

科学家们的发现，对偏食的孩子有了新的解释，当然，也不可忽视遗传在这其中所起到的作用。这个发现同时也带给我们新的启示：最为本质的胎教，不是语言，不是音乐，或许就是孕妈妈日常生活的习惯，这种习惯对胎儿有着潜移默化的影响。

良好的生活习惯对胎儿的发展很重要，因此，孕妈妈要以身作则，在生活中严格要求自己，提升品位，为将来的胎宝宝树立好的榜样。

本周胎教课堂

音乐胎教课——名曲欣赏《欢乐颂》

音乐是表达情感的工具，是心灵沟通的语言。它能使人张开幻想的翅膀，随着优美的旋律翱翔于海阔天空，音乐可唤起胎宝宝的心灵，打开智慧的天窗。孕妈妈不妨来听听《欢乐颂》这样的音乐，它所表现的不是缠绵的情意，而是歌颂仁爱、欢乐、自由的伟大理想：“欢乐女神圣洁美丽，万丈光芒照大地，我们心中充满热情，来到你的圣殿里。你的力量能使人们消除一切分歧，在你光辉照耀下

面，人们团结成兄弟。”这是表现的一种崇高、圣洁的美，孕妈妈除可产生欢乐之情外，还可增添信心和勇气。

总之，让胎宝宝听音乐还可以促进其性格的完善。不同的乐曲对于陶冶胎宝宝的情操起着不同的作用。有的乐曲能促进胎宝宝的性格内向恬静、稳定发展；有的能促进胎宝宝形成欢乐、开朗的性情；有的能激发胎宝宝的热情等，久而久之，可影响胎宝宝气质的形成。

准爸爸胎教指南

帮助妻子生活规律化

孕妈妈由于怀孕会有行为和生理上的变化，会有焦虑、担忧等情绪，这些变化可能不利于她们规律地生活，而规律的作息是宝宝正常生长发育所必需的，准爸爸这时就应该发挥作用了。准爸爸应该帮孕妈妈规律作息，养成良好的生活习惯，如果孕妈妈在怀孕前的作息就不规律，进入孕期后，为了孕妈妈和宝宝的健康，准爸爸就应该花大力气纠正孕妈妈的错误生活习惯。

监督孕妈妈饮食起居

孕妈妈的饮食、生活习惯会在某种程度上影响到肚子里的宝宝。因此，准爸爸的一个重要任务就是提醒孕妈妈摒除一些饮食起居中的坏习惯。怀孕以后，孕妈妈可能会变得越来越挑食、偏食等，准爸爸这时应该发挥自己的监督和辅助作用，例如，孕妈妈不爱吃核桃的话，可以将核桃磨成粉，添加在孕妈妈喜欢喝的豆奶或者其他饮料中，这样不会引起孕妈妈的排斥心理。

孕妈妈在孕期的饮食起居要注意的有很多，而且很繁琐，准爸爸的监督和帮助能使孕妈妈更安全地度过孕期。

第15周

胎教无处不在

第15周记：此时，胎宝宝对来自外界的声音、光线、触动等单一刺激反应更为敏感，这时我们应该给胎宝宝各感觉器官适时、适量的良性刺激，才能促使其发育得更好，为出生后早期教育的延续奠定良好的基础。

本周宝宝与胎教要点

胎宝宝会打嗝了

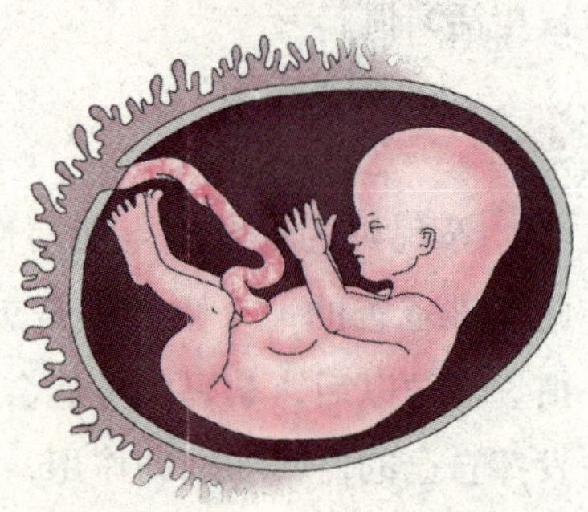

本周发生的最大变化就是宝宝开始在孕妈妈的子宫中打嗝了，这是胎儿开始呼吸的前兆，遗憾的是孕妈妈无法听到这个声音，主要原因是胎儿在这时候气管中充斥的不是空气而是流动的液体。

本周胎教要点

· 音乐胎教，促进大脑的成长。音乐能刺激胎儿大脑神经细胞，促进脑的发育和脑功能发展。在胎儿大脑发育的高峰期，可以听一些古典音乐。

· 营养胎教，保证口腔健康。怀孕期间体内激素变化和嗜食甜酸，对牙齿会造成隐患，孕妈妈可以多吃一些芹菜、萝卜等富含膳食纤维的水果蔬菜，有利于清洁口腔，充分咀嚼还可以起到锻炼牙齿、按摩牙龈的作用。除此之外，在吃完东西之后漱漱口，能够减少患蛀牙的危险。

胎教理论

胎教与胎儿的性格

人的性格不一，其个体差异早在胎儿时期就已表露出来：有的安详文静，有的活泼好动。这既和先天神经类型有关，也和怀孕时胎儿所处的内外环境有关。

人的性格的形成有着先天和后天两种因素，就先天而言，与父母性格的遗传基因有关，同时也与出生前胎儿在子宫内所受的影响有关；后天因素则是在其出生后的社会实践过程中逐步形成的。然而，胎儿在子宫内，即“人之初”的心理体验为日后的性格形成打下基础的事实，还没被人们广泛重视。

“江山易改，本性难移”，一旦不良性格形成，要想改变是很困难的。与其后天费力纠正，不如在娘胎里就给胎儿提供一个形成良好性格的环境氛围。未来的父母应把握这一关键时期，为孩子一生幸福着想，从现在起，尽力为腹内的小生命创造一个充满温暖、慈爱、宽松、积极的生活环境，努力减少各种有害刺激，使胎儿拥有一个健康美好的精神世界，使其良好性格的形成有一个理想的开端。

孕妈妈的情绪影响胎儿性格形成

妈妈的子宫是胎儿所接触的第一个环境，小生命在这个环境里的感受将直接影响到胎儿性格的形成和发展。如果妈妈怀孕期间充满和谐、温暖、慈爱的气氛，那么胎儿幼小的心灵将受到同化，意识到等待自己的那个世界是美好的，进而可逐步形成热爱生活、果断自信、活泼等优良性格的基础。

反之，倘若夫妻生活不和谐、不美满，经常吵架、打骂，甚至充满了敌意的怨恨，闹到要离婚的程度；或者妈妈不欢迎这个孩子，从心理上排斥、厌恶，那么胎儿就会痛苦地体验到周围这种冷漠、仇视的氛围，这对胎儿的未来会产生不利的影响。

此外，妈妈的极度疲劳，情绪的过分紧张，腹部的过重压力及外界的强烈、持久的噪声，均可使胎儿躁动不安。这种强烈的运动反应并不是好征兆，它不但会引起流产、早产，而且能对出生后的孩子的性格行为带来不良影响。

本周胎教课堂

运动胎教课——孕中期普拉提

到此时为止，孕妇的腹部已渐渐隆起。在怀孕初期出现的孕吐、疲乏等症状已逐渐减轻或彻底消失。怀孕中期可以做一些躺着进行的普拉提动作，但是若感到疲倦或不舒服则应立即停止运动。

伸展四肢

1. 平躺，左腿伸直，右腿曲膝。右臂向上伸出，左臂自然地放在身体左侧。
2. 开始进行腹式呼吸。长长地吸入一口气，在呼出的时候双臂和双腿的姿势分别互换。重复5～10次。

蹲地

1. 把一个体积较大的垫子靠墙放在地面上。两腿分开与臀部同宽，并靠墙站立。
2. 在吸气和呼气的过程中曲起膝盖，顺着墙壁慢慢地坐到垫子上面，在臀部碰到垫子的那一刻把双手放在两膝上，用这样的姿势进行休息。
3. 保持以上的姿势1～2分钟，将身体的重量集中在下部，完全放松腰部，深深地吸一口气再呼出，在保持背部靠墙的姿势下缓缓起身。但要注意，在胎位为臀位时不能采用这样的姿势。

胎教奇葩——斯瑟蒂克胎教法(八)

为了保持良好的情绪以利于胎教，斯瑟蒂克在怀孕期间常常看伴有优美音乐的电视片，或那些表现美丽自然和动植物生态的节目，以及介绍世界各地优美风景的旅游纪录片。并且每天下午都要出去散步，或在公园里骑自行车，有时为了能在风景美丽的野外呼吸新鲜空气，还和约瑟夫一起去近郊作半日游，这样无论是对腹中的胎儿还是他们自己都感到十分愉快和充实，丝毫不感到烦闷。

准爸爸胎教指南

营造干净温馨的居室环境

为孕妈妈营养一个温馨、健康的家居环境，是准爸爸当仁不让的责任。要保持一个适合孕育的良好家居环境，需要注意以下事项：

1　保持空气气流通

在天气晴朗的时候，准爸爸要注意多开窗通风，保持空气的流通，保持适当的温度和湿度。如果空气过于干燥，可采用加湿器加湿，或是在室内放置两盆水。

2　定期给屋子去蟑灭螨

蟑螂能携带的细菌病原体有40多种，螨虫的分泌物可引起多种疾病，准爸爸要定期用药物或者其他手段清除蟑螂和螨虫，此外一定要注意清洁地毯或者干脆暂停使用，螨虫通常栖息于此。

3　购买家具认环保

孕期购买新家具，准爸爸应尽量选择真正的实木制品家具。在家具外面喷一层密封胶，可以防止甲醛雾气的散发。

第16周

聆听最美的旋律

第16周记：大夫说，宝宝身体的各种毛发都在生长，包括睫毛。我希望我的宝宝有长长的眼睫毛和眉毛。

本周宝宝与胎教要点

淘气的胎宝宝

宝宝在本周发生的最大变化就是他(她)自己会在母亲的子宫中玩耍了，宝宝在子宫中最好的玩具就是脐带了，他(她)有时会拉它，用手抓它，将脐带拉紧到只能有少量空气进入。但是不必太担心，16周的宝宝自己能掌握好分寸，他(她)是不会让自己一点空气和养分都没有的。

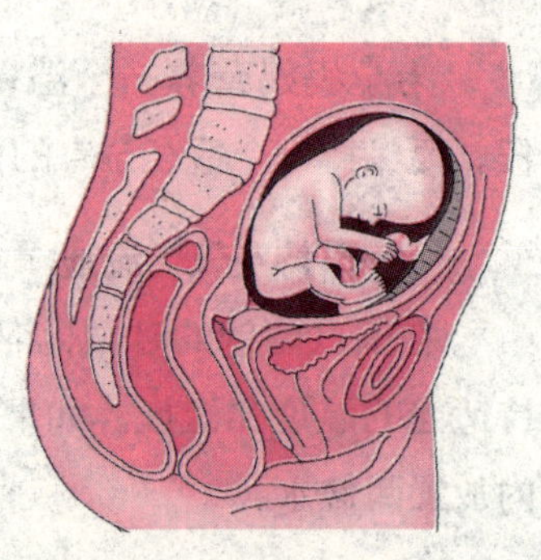

本周胎教要点

· 美学胎教，感受艺术的美。培养胎宝宝的审美情趣，从感受艺术之美开始。在家中就有很多感受艺术美的方式：门前的小路，铺了石子是一种美，路旁栽种的花草的造型是一种美，房屋的造型是一种美，门上贴的民俗画是一种美……所有这些，孕妈妈都可以自己先用心体会，再讲给胎宝宝听。

· 情绪胎教，让自己静心。身体不适带来的担忧和烦躁，会在不留神

的时候偷袭孕妈妈，涂涂写写是一种良好的排遣方式。孕妈妈觉得郁闷的时候，不妨拿起一支笔，在上面涂涂画画，不一定要画什么出来，关键是作为一种放松心情的方式。

胎教理论

音乐心理治疗师解密音乐胎教

音乐胎教，一个充满神奇和力量的词汇，正在吸引着无数的准爸爸和孕妈妈们以孜孜不倦的精神不断追寻着其中的奥秘。

据妇婴医院专业音乐心理治疗师介绍，音乐胎教是目前运用最广泛，且已被国际上诸多专家学者所证明的行之有效的科学胎教方法之一。以往人们对“音乐胎教”的理解是片面的，方式也很单一，而且因为没有获得专业人员的指导，往往使用了不正确的方式，导致了严重的后果。在国外，科学、完整的“音乐胎教”应该包括音乐、音乐接受者和专业的音乐心理治疗师，三者缺一不可，尤其重要的是胎教要在专业音乐心理治疗师的指导下才能进行。

音乐胎教的形式有音乐赏析、音乐思维、音乐操作、音乐游戏等等。参加的人可以是胎儿、孕妈妈、准爸爸或者整个家庭。其内容更是丰富多彩，包括聆听法：有歌曲讨论，音乐回忆，音乐同步，音乐想象，音乐引导想象；主动法：参与简单的演唱、演奏或音乐技能的学习，称为“音乐操作”，亲自感受音乐的律动，把身心融入音乐中去，激起活力，触发情感；即兴法：即兴演奏式，选择简单的打击乐器，包括能演奏旋律的音乐乐器(木琴、铝板琴等)，由音乐心理治疗师引导，家庭成员一起参与，随心所欲地演奏，互动式地反映情绪，改善情绪。

音乐心理治疗师的“音乐处方”

妇婴医院音乐心理治疗师表示，其实不论什么音乐，使孕妇心情愉快，感觉幸福是胎教音乐的首要要素，情不自禁地哼唱歌曲、俏皮的儿歌、平复心情的电影音乐，不论形式如何，选择喜欢的音乐才是关键所在。当然，音乐的选取绝对不可以随心所欲。有研究表明，并非所有的音乐都适合音乐胎教，由于胎儿的心脏瓣膜发育不完全，只适合听3/4节拍或4/4节拍的音乐。

另外，10月怀胎期间，胎儿在孕妈妈的腹中发生着周期性的变化，在不同的成长阶段，从外部捕获的信息量和能力都有着天壤之别。因此音乐胎教除了要求妈妈心态好，心情愉悦之外，更重要的是适时、适阶段地实施胎教。在宝宝听觉发育的不同时期，给宝宝听不同美妙的声音，为孩子的大脑发育提供更有效、更好的刺激。所以，专业音乐心理治疗师能够根据胎儿不同发育阶段，为孕妈妈和宝宝制定科学的“音乐处方”。

科学的音乐胎教，需要考虑的因素有母婴不同阶段的周期变化，音乐的种类，还有宝宝、妈妈以及整个家庭的个性特点、文化背景、生活追求、音乐能力，因为不同的家庭这些情况都是不尽相同的。音乐胎教绝对不是一听了之，更不是填鸭式的，以孕妈妈、准爸爸的标准让宝宝被动聆听，音乐胎教也需要“因材施教”。专业的音乐治疗师能够综合多种情况，运用不同的“音乐心理治疗”方法，设计制定出科学的“音乐胎教”计划和方案。

本周胎教课堂

音乐胎教课——欣赏《宝宝的异想世界》

《宝宝的异想世界》是由荷兰作曲家雷蒙·拉普专门为智能发展关键期的婴幼儿所设计的一套音乐。同样，这首曲子也有助于促进胎宝宝的智能发展。

在《宝宝的异想世界》音乐声中，流畅的旋律、优美的和声、轻柔的节奏，结合了大自然中的海洋呼吸、水波律动、森林鸟鸣，还有宝宝呀呀学语、清脆笑声等丰富的声音元素，这些声音能激发未来宝宝无限的想象力及创造力，开启智力及潜能学习之门。

胎宝宝在聆听乐曲的同时，也能透过音乐感受到自然的和谐，更易于培养出自信，活泼的人格特质。

语言胎教课——给宝宝读童谣

孕妈妈给胎宝宝读几首童谣吧！让美妙的童谣开启胎宝宝的听力之门。

小螃蟹

小螃蟹，真骄傲，
横着身子到处跑，
吓跑鱼，撞倒虾，
一点也不懂礼貌。

小青蛙

小青蛙，呱呱呱，
水里游，岸上爬，
吃害虫，保庄稼，
人人都要保护它。

红绿灯

大马路，宽又宽，
警察叔叔站中间，
红灯亮，停一停，
绿灯亮，往前行。

准爸爸胎教指南

欣然接受妻子的变化

◇妻子皮肤变黑

大多数孕妇在怀孕后皮肤色素加深，乳晕外阴，大腿内侧都会变黑。有的孕妇面部形成蝴蝶斑。这是由于雌激素和孕激素刺激了垂体黑色素的分泌，你应该学会赞美你的妻子，长了蝴蝶斑的妻子有一种欧美风情。告诉她你非常喜欢她现在的样子。

◇妻子呼吸加重

到孕晚期时，你会觉得妻子说话总是上气不接下气。随着子宫的增大，孕妇胸廓活动相应增加，并以胸式呼吸为主，以保持气体充分交换。她的呼吸次数不变，但每次呼出和吸入的量增加，每分钟通气量平均增加

3升。你的妻子是为了宝宝的成长加紧工作呢，不要在听妻子讲话时表现出不耐烦。

◇妻子体毛变重

人们一般不议论体毛，所以准爸爸们常常惊诧于妻子体毛的变化。准爸爸注意不要对此流露出不满情绪。许多女性在这时非常敏感，尽可能地喜欢这种变化。如果你做不到的话，记住它只是暂时性的，是亲爱的宝宝带来的。

◇妻子的乳房溢奶

准爸爸都希望看到妻子怀孕期间有丰满的乳房，即使你更喜欢它们娇小的模样。一些孕妇只是偶尔沾湿衣服，而另一些孕妇则总在溢奶。不要对你妻子露出嫌弃之情。

学会倾听与赞美，为孕妈妈减压

因为孕育新生命，孕妈妈会失去之前的美丽与苗条，有些孕妈妈还会承受越来越大的压力，比如担心宝宝的成长，担心自己的形象，担心分娩的剧痛，担心产后恢复困难等等，如果孕妈妈的压力得不到舒缓，会使得孕妈妈和胎儿的健康受到影响。

准爸爸应学会发现并赞美孕妈妈的美，孕妈妈在怀孕后通常都会变得更可爱，她们身上有一种慈爱之心，准爸爸如果能对孕妈妈的这些魅力加以赞美，会令整个家庭都积极温馨起来。

孕妈妈心情低落的时候，准爸爸不妨多加开导，让孕妈妈说出自己的苦闷，并认真倾听，准爸爸少说多倾听会让奇迹发生，孕妈妈也会感激准爸爸的倾听。

第17周

生命在于运动

第17周记：现在，胎宝宝已经5个月了，除了孕早期可进行的温和的运动外，现在可以适当增加一些运动强度了。

宝贝，让我们一起来做运动吧！

本周宝宝与胎教要点

胎宝宝可以听到妈妈的声音了

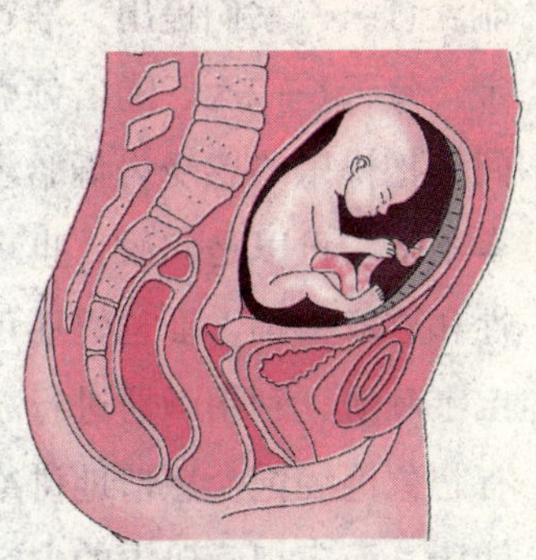

本周最大的变化是：胎宝宝可以听到孕妈妈的声音了！这个时候的胎宝宝看上去像一只梨，胎动非常活跃，不但不断地吸入和呼出羊水，还经常用手抓住脐带玩儿。

本周胎教要点

·语言胎教，让胎宝宝熟悉你的声音。现在胎宝宝可以真切地听到声音，孕妈妈更要多说话了。孕妈妈还可以将自己小时候听过的其他童谣念给胎宝宝，这样不但有利于胎宝宝的稳定成长，更能增进母子间的情感。

·情绪胎教，使胎宝宝有足够的安全感。胎宝宝能感受来自母体的情绪反应，良好的情绪可以使胎宝宝获得足够的安全感，不安的情绪则会使胎宝宝感到焦躁不安。所以，在整个孕期，孕妈妈都不应忘记这一点，学习如何控制自我的情绪，以维持孕期的平静、稳定的心情。

胎教理论

每天定时用语言刺激胎宝宝

宝宝5个月时感受器官初具功能，在子宫中能接收到外界刺激，能以潜移默化的形式储存于大脑之中。尽管胎宝宝所处的环境与成人不同，他是漂浮于羊水中，外界的声波在到达宝宝时要穿过腹壁、子宫壁和羊水，声波的强度会减弱一些，但声音频率、音调和韵律是不会发生明显改变的，同样可以传递给宝宝，宝宝是能感觉得到的。

实践证明，准爸妈经常和胎宝宝对话，能促进宝宝出生后的语言和智能发育。专家们提出，准爸妈与胎宝宝的对话练习要持续，定时刺激胎宝宝，每天1～2次。随着妊娠进展，每天可适当增加对话次数和延长对话时间，把快乐的感受告诉胎宝宝。准爸妈和宝宝的对话内容不必太复杂，内容不限，可以是问候，也可以是聊天。为了培养宝宝丰富的想象力、独创性和进取精神，准爸妈还可以为宝宝选择一些色彩丰富、富有想象内容的宝宝画册，利用画册进行故事讲解。准爸妈可以将画册中展示的内容，富有想象地经饱含感情地讲给宝宝听。准爸妈在给宝宝讲故事时，不仅仅是朗读，而应把画册中的内容通过五官使之形象化，使画册中表达的内容更具体、更形象地传递给胎宝宝。

本周胎教课堂

营养胎教方案——孕5月饮食原则

妊娠5月时，胎宝宝的大脑、骨骼、牙齿、五官和四肢都进入快速发育的时期，为了满足胎宝宝生长发育的需求，孕妈妈的体内基础代谢会逐

渐增加，对各类营养的需求都会持续增加。孕妈妈5月的饮食原则如下：

1. 较高的热量、蛋白质；
2. 适当增加脂肪、碳水化合物的摄入量；
3. 增加肉类、鱼虾类、蛋类及豆制品食物的供给；
4. 多吃蔬菜和水果。

情绪胎教课——幽默小天地

经常看一些幽默的笑话，是帮助孕妈妈保持快乐心情的小秘诀。

1.造句

老师布置家庭作业，让同学用“格外”一词造句。

小三不会就问爸爸。爸爸想了一下说：“这么写吧：‘在方格纸上写，不会把字写到格外去。”

2.谁知道得多

一个小孩问他父亲：“爸爸总是比儿子知道得多吗？”

“是的。”父亲答道。

“谁发明了蒸汽机？”孩子直接问。

“詹姆士·瓦特。”

“那为什么詹姆士·瓦特的父亲没有发明蒸汽机呢？”

胎教奇葩——斯瑟蒂克胎教法(九)

为了让妻子能保持一种平和、宁静的心境，斯瑟蒂克的丈夫约瑟夫付出了很多心血和努力。对于他们的家，就是用夸张的说法也不能算是好的，但那里毕竟有约瑟夫自己垒的石头墙、培植齐整的草坪以及花了两个月时间筑成的游泳池，这一切足以使斯瑟蒂克和腹中的胎儿能幸福地度过每一天了。约瑟夫在下班早的日子总是为妻子及宝宝将来三个人能更舒适地生活而修理房间，收拾院子，并向正在为胎儿唱歌的妻子招手。

约瑟夫从不和斯瑟蒂克吵嘴。他从书本中得知，夫妻不和给孩子带来的危害要比妊娠生病、抽烟、工作过于疲劳等原因带来的危害高得多。

约瑟夫尽管每天都工作得很累，可是他从来没有一句怨言，家中需要的而又比较重的东西都由他买回来，被子的搬上拿下，他都抢着做，晚饭后抢着收拾东西。即使有时候斯瑟蒂克因妊娠反应而无缘无故地焦躁不安或身体不舒服时，约瑟夫也总能给予极大的理解和安慰，使妻子的精神不再紧张，所有这些都使斯瑟蒂克感到极大的心理满足。

准爸爸胎教指南

帮孕妈妈排遣不良情绪

孕妈妈在孕期的情绪容易变差，准爸爸要及时采取措施，帮助孕妈妈调节情绪，以便以良好的心态度过整个孕期。

当准爸爸发现孕妈妈出现担心、紧张、抑郁或烦闷的情绪时，可以引导孕妈妈做一件高兴或喜欢的事，如浇花、听音乐、欣赏画册、阅读或去郊游，等等。自然美感引起的情感，会使孕妈妈对生活重新充满信心。准爸爸也可鼓励孕妈妈把烦恼向密友倾诉，或写信、写日记等，或者让孕妈妈换一个发型等，都会给孕妈妈带来一种新鲜感，从而改变沮丧的心情。

让孕妈妈感受到你的爱

怀孕中的女人很辛苦，也会很敏感，孕妈妈会因为准爸爸的一言一行而变化着心情。所以要时刻关注孕期孕妈妈的情绪变化，并用自己的方式表达出来，一双精心挑选的平底鞋，一句充满温情的话语，一顿精心准备的晚餐……都会让她幸福无比。

如果孕妈妈比较爱美，准爸爸可以悄悄地买上几件漂亮的孕妈妈装送给孕妈妈，给孕妈妈一个惊喜，这绝对是非常值得一试的灵验方法。

第18周

轻轻地抚摸你

第18周记：我感觉到了，肯定是他。像一个泡泡在我肚子里动来动去的。宝贝，你是在水中畅游？还是在太空中翱翔？

本周宝宝与胎教要点

胎宝宝总是动来动去

进入本周，胎宝宝的活动增多。如果孕妈妈现在能观察到胎宝宝的话，会发现胎宝宝不但会皱眉，还会挤眼睛。很多孕妈妈这周可以比较明显地感受到胎动。

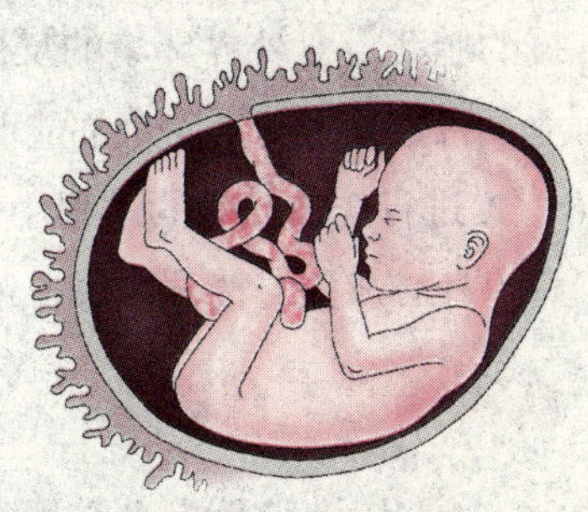

本周胎教要点

·抚摸胎教，激发胎儿运动的积极性。此时可为胎儿进行触压拍打运动胎教，激发胎儿运动的积极性，促进胎儿身心发育。

·营养胎教，补充维生素A。胎宝宝在第4～5个月就开始具有视觉反应能力了，为了促进胎宝宝的视网膜发育，这个时期的胎教重点之一，就是及时补充维生素A。富含维生素A的食物主要有：动物的肝脏、鱼类、海产品、奶油和鸡蛋等食物，以及玉米、胡萝卜、韭菜、油菜、荠菜、马兰头、雪里红、小白菜、红薯、西红柿、柿子椒等植物性食物。

胎教理论

抚摸胎教

每一个孩子都喜欢父母的爱抚，胎儿当然也不例外，小家伙喜欢隔着肚皮，定时享受来自爸爸妈妈的爱抚。

有研究证明，经常受到父母爱抚的孩子长大后遇事更冷静沉着、反应更机敏。

抚摸胎教，是准父母与胎宝宝之间最早的触觉交流，通过抚摸孕妈妈的腹部，使腹中的宝宝感觉到父母的存在并作出反应。

抚摸胎教的益处

可以锻炼胎宝宝皮肤的触觉，并通过触觉神经感受体外的刺激，从而促进宝宝大脑细胞的发育，加快胎儿的智力发展。

能激发起胎宝宝活动的积极性，促进运动神经的发育。经常受到抚摸的胎儿。对外界环境的反应也比较机敏，出生后翻身、抓握、爬行、坐立、行走等大运动发育都能明显提前。

进行抚摸胎教的过程中，不仅能让胎儿感受到父母的关爱，还能使孕妈妈身心放松、精神愉快，可以加深一家人的感情交流和联系。

抚摸胎教注意事项

❶ 抚摸胎教应当有规律性，每天2次，坚持在固定的时间进行，这样胎儿才能心领神会地在相应的时间里作出反应。

❷ 抚摸胎宝宝之前，孕妈妈应排空小便。

❸ 抚摸胎宝宝时，孕妈妈要避免情绪不佳，应当保持

稳定、轻松、愉快、平和的心态。

4 进行抚摸胎教时，室内要保持环境舒适，空气新鲜，温度适宜。

5 进行抚摸胎教时，如能配合对话胎教和音乐胎教等方法，效果会更明显。

不宜实施抚摸胎教的情况

1 一般在孕早期以及临近预产期不宜进行抚摸胎教；

2 有不规则子宫收缩、腹痛、先兆流产或先兆早产的孕妈妈，不宜进行抚摸胎教，以免发生意外；

3 曾有过流产、早产、产前出血等不良产史的孕妈妈，也不宜进行抚摸胎教，可改用其他胎教方法替代。

对胎儿进行游戏训练

谈到胎儿做游戏这一问题，可能会有人疑惑不解，胎儿怎么会做游戏呢？是啊，一般来说做游戏是出生后的孩子们的“专利”，可近几年来随着医学科学的发展和超声波的问世，医学家发现胎儿在母体内有很强的感知能力。

父母对胎儿做游戏胎教训练，不但增进了胎儿活动的积极性，而且有利于胎儿智力的发育。我们可以通过胎儿超声波的荧屏显示，来观察一下胎儿在母体内的活动情况：胎儿在某一天醒来时伸了一个懒腰，打了一个哈欠，又调皮地用脚蹬了一下妈妈的肚子，这使他感到很满意。

从胎儿这些动作和大脑的发育情况分析，科学家们认为胎儿完全有能力在父母的训练下进行游戏活动。

只要父母不失时机地通过各种渠道对胎儿施于早期胎教，使他获得良好而有益的刺激，其本身的能力会远远超过历史上任何一个天才。

本周胎教课堂

抚触胎教课——怎样和胎儿做游戏

一位美国育儿专家提出一种与胎儿“踢肚游戏”的胎教法，即通过母亲与胎儿游戏，达到胎教的目的。

踢肚游戏方法其实很简单。怀孕5个月的孕妇，便可以开始与胎儿玩“踢肚游戏”。

当胎儿踢肚子时，母亲轻轻拍打被踢的部位，然后等待第2次踢肚。一般在1～2分钟后，胎儿会再踢，这时再轻拍几下，接着停下来。如果你拍的地方改变了，胎儿会向你改变的地方再踢，注意改拍的位置与原胎动的位置不要太远。每天进行2次，每次3～5分钟。

这种方法经150名孕妇用来施行胎教，结果生下来的婴儿在听、说和使用语言技巧方面都获得最高分。经过这种刺激胎教训练的胎儿，出生后学站、学走都快，身体健壮，手脚灵活，出生时婴儿大多数拳头松弛，啼哭不多。与未经过训练的同龄婴儿比，显得活泼可爱。

准爸爸胎教指南

感觉宝宝的活动

做这件事会要求你有相当的耐心，因为还在肚子里的的小东西不会为他的每次表演都做“预告”的。而宝宝的活动非常非常细微，以至于你都不确认自己到底感觉到了些什么。所以你一定要坚持，有的时候小东西可

能会让你等足10分钟才会稍有“表示”。不过随着时间的推移，胎儿的活动会越来越明显和激烈。到最后，你可能每一天都会感觉到他有力的“踢腿伸手”操。

给胎儿适度的刺激与锻炼

胎儿除生理需要外，还需要一些与精神活动有关的刺激和锻炼。例如，准爸爸可与孕妈妈开适度的玩笑，幽默风趣的话会使孕妈妈的感情更丰富；陪孕妈妈观看喜欢的影剧；让孕妈妈与久别的亲人重逢；让孕妈妈参与社交并和邻里接触；陪孕妈妈作短途旅游等。总之，让她的情绪出现短暂的、适度的变化，可以为未出世的孩子提供丰富的精神刺激。

第19周

一切为了宝宝

第19周记：我发现自己的腰身变粗了，乳房也变大了，会客时，有时候会因此觉得羞涩，不过更多的还是自豪。

此时，我的宝宝正在快速生长着，我时刻提醒自己，自己的所有变化，都是为了胎宝宝，想到这儿我就觉得自己是这个世界上最最幸福的人！

本周宝宝与胎教要点

胎宝宝会“翻滚”了

胎宝宝又长大一点儿了，本周的他身长大约有22厘米，胎动更加频繁，不但会踢腿、屈体、伸腰、吸吮手指，还会整体滚动这样的“高难度”动作。全身布满胎毛，已经长出少许头发了。

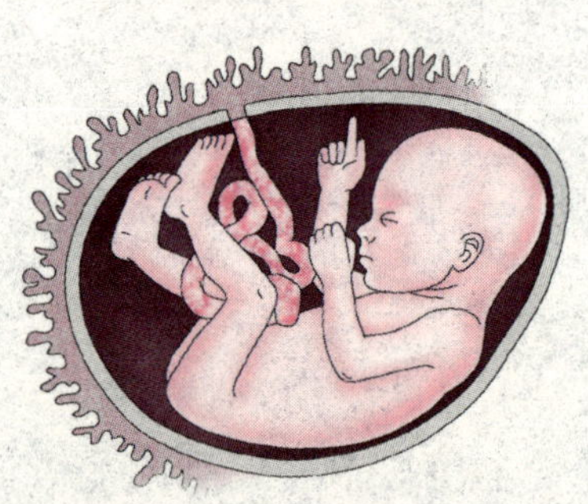

本周胎教要点

· 运动胎教，适当加大运动量。此期，孕妈妈自然流产的危险性少多了，可适当加大运动量，以前擅长游泳的孕妈妈可以继续游泳；另外，孕期体操、孕期瑜伽、普拉提、散步都是不错的运动。

· 语言胎教，继续聊天和朗诵。胎宝宝很喜欢妈妈和他说话，多和胎宝宝聊天，还可以每天给胎宝宝读读报纸、诗歌、散文之类的作品。

胎教理论

胎儿听觉的发育

胎儿的听觉在发育过程中经不断完善便能很快发挥作用。早在受孕后第4周，他的听觉器官已经开始发育，第8周时耳廓已经形成，这时胎儿的听觉神经中枢的发育尚不完善，所以还不能听到来自外界的声音。到了第25周，也就是第五个月的后期，胎儿的传音系统基本发育完成。到第28周时，即第7个月的中旬，胎儿的传音系统已充分长成并可以发生听觉反应，至此，胎儿就已经具备了能够听到声音的所有条件。

然而，胎儿深居宫中，隔着不少组织器官，究竟能不能听到外面世界的声音呢？答案是肯定的。在胎儿的几种感觉器官中，最为发达的就是听觉系统了。

在妊娠的前半期，由于其听觉器官尚未发育完善，“两耳不闻宫外事”，过着平静安闲舒适的生活。随着听觉器官的发育，终于有一天，原本恬静安宁的小天地开始被一些声响所干扰。最初只是模模糊糊的感觉，有一天清晨，胎儿在甜美的酣睡中渐渐地被种种新奇的声响所唤醒，惊奇又欣喜地发现能听清声音了。从此外来的声音开始闯入了胎儿的耳膜。

其间，除低音能被过滤外，妈妈子宫的血流声、心脏的搏动声、淋浴的水流声、爸爸的说话声以及来自外界的收音机、电视机的声音，统统都被胎儿的耳朵所接收。小小的胎儿此时已不再是无动于衷的等闲之辈，他已经能对传入耳中的强音产生紧张的身体反应，引起胎动和心率的变化，并能对声音的强弱、音调的高低产生不同的反应。

从有听觉开始，胎儿每时每刻都有妈妈的心跳声伴随着，心理上对它产生了很强的依赖性，以至在他出世之后，每当遇到惊恐、不安、寒冷、疲劳等恶性刺激时，如果妈妈把婴儿抱近她的胸口，让这熟悉的心跳声传

人孩子的耳膜，就可以立即让他感到温暖的安全感，从而平静下来。可以说，妈妈的心跳声是伴随胎儿长大的安乐曲和背景音乐。

用音乐训练胎儿的听觉

为了提高胎儿的听觉能力，可以用音乐对胎儿进行听觉训练。

从这个月开始，孕妈妈可以每天进行2次听觉训练，每次3～5分钟。主要选用供孕妈妈欣赏的胎教乐曲，音乐应柔和平缓，优美动听，带有诗情画意。

另外，孕妈妈还可以每天哼唱几首自己喜爱的抒情歌曲，或优美而富有节奏的小调。孕妈妈哼唱歌曲可以舒缓精神、放松心情。

本周胎教课堂

音乐胎教课——欣赏圆舞曲《蓝色多瑙河》

圆舞曲《蓝色多瑙河》，全名为《在美丽的蓝色的多瑙河畔》，是约翰·史特劳斯所作170首圆舞曲中最具代表性的一首。

1866年，奥地利在普奥战争中惨败，维也纳陷入了深深的消沉之中。为振奋人心，作者受维也纳男声合唱协会领导人赫贝克的委托，创作出象征维也纳生命活力的圆舞曲。半年后，作者把它改编成为管弦乐曲，在巴黎万国博览会上公演，获得了极大的成功。

这支著名的圆舞曲旋律优美动人，节奏富于动感，适合孕妈妈在怀孕中、晚期听，孕妈妈在欣赏这首作品时，可通过想象感受鲜明的音乐形象，进一步理解奥地利人民热爱生活、热爱故乡的深厚感情。

语言胎教课——故事《三只小猪》

猪妈妈有三个孩子，老大、老二和老三，一天猪妈妈说："孩子们你们已经都长大了，每个人去盖一间房子，看谁的本领大！"老大用稻草很快就盖了一个漂亮的稻草房子！睡起觉来。老二一看哥哥的房子都盖好了，他拾来几根木棍，说木房子既结实又好看，于是盖起木房子。很快木

房子也盖好了，老二也睡起午觉。只有老三想好好建一个结结实实的砖房子。老大、老二睡醒了来找老三玩，但老三还是继续认真地盖房子，不理他们。到了傍晚老三终于盖好了一个又结实又漂亮的砖房子。

有一天，从树林里来的一只大灰狼，它已经很久没有吃东西了，饿得嗷嗷直叫。

大灰狼看见呼呼的稻草房，“呼”地一声草房子被吹散了。老大拔腿跑到老二的木房子里，大灰狼追上来恶狠狠地说：“我要吃了你们！”

大灰狼又“呼”了几声，不一会木房子也被吹散了。老大、老二跑到老三的砖房子里躲了起来。大灰狼追过来，用尽全身的力气，“呼”“呼”砖房子却纹丝不动。

大灰狼又气又累，他看见屋顶有一个烟囱，便想从上面爬进老三的房子里。聪明的老三早已在烟囱下烧开了一大锅滚烫的热水。大灰狼正好掉进大锅里被烫得嗷嗷直叫，不一会儿就被烫死了。老大、老二很惭愧，决心以后向老三学习，再也不偷懒了。

这则故事告诉我们：三只小猪对自己造的房子都非常有信心，可是最后只有一只小猪在靠勤劳和智慧打倒了狡猾的大灰狼！所以做什么事情都要认真扎实，不要偷懒。

胎教奇葩——斯瑟蒂克胎教法(十)

斯瑟蒂克以前有喝咖啡的习惯，为了避免给胎儿带来伤害，她家的冰箱里总是放着含原汁100%的橘子水代替咖啡，而且每喝一杯橘子水总要放1/4茶匙的维生素C颗粒。维生素C无论对胎儿的发育，还是对母亲的身体健康都是十分有好处的。

当然饭桌上的蔬菜是早、中、晚三餐不可缺少的。同时，因为罐装食品含有很多盐分，所以全部改吃新鲜蔬菜，原来在蔬菜旁边总是放着一大盘约瑟夫喜欢吃的肥肉，而这时他也为配合斯瑟蒂克而改吃瘦肉和用酱酒调过味的鱼，想改变以往的习惯，若能得到亲人的协助是十分有效的。

准爸爸胎教指南

让宝宝听到你的声音

从怀孕第5个月开始，胎儿就已经能听到你的声音了。所以，准爸爸多对着妻子的大肚子说说话。可以在每次对宝宝说话的时候多重复一些简短的句子，比如什么“你好啊！小家伙”，“我的乖宝宝”，“爸爸来了”等等。等孩子出生后再重复同样的话，你会惊讶地发现宝宝会回过头来找你。即便是新生儿也知道循声去寻找他们的“老熟人”呢。

给胎儿讲个声情并茂的故事

如果准爸爸定时念故事给腹中的胎儿听，可以让胎儿有一种安全与温暖的感觉，尤其是如果一直反复念同一则故事给胎儿听，会令其神经系统变得对语言更加敏锐。

那些读来非常有意思，能够使人感到身心愉悦的儿童故事、童谣、童诗等都是准爸爸可以选择的，准爸爸可以轮流将作品中的人事物详细、清楚地描述出来，比如：太阳的颜色、家的形状、主人公穿的衣服等等，让胎儿融入到故事中所描绘的世界中去。

准爸爸可以想象胎儿正在身边聆听故事，根据故事情节的变化，变化出多种音调。还可以利用自己的创造力，以周围常见的事物为题材，自编童话故事，并带感情地讲给胎宝宝听。

第20周

无意识的顽皮

第20周记： 近来，宝宝的动作越来越有劲，也越来越明显了。亲爱的宝宝长大了，也变得越来越有力量，越来越自信了。

本周宝宝与胎教要点

胎宝宝开始吞咽羊水了

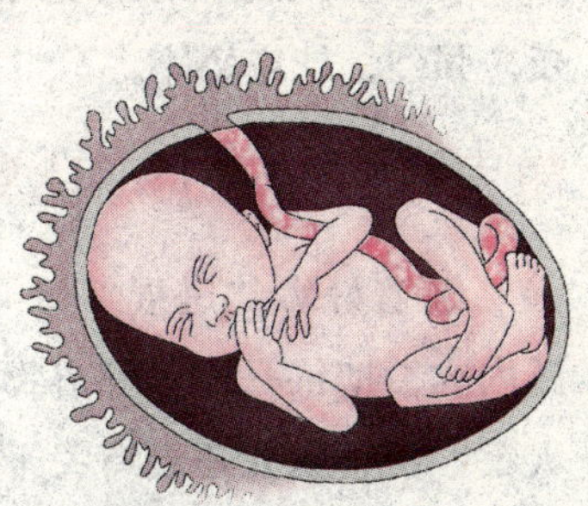

胎宝宝现在开始吞咽羊水了，肾脏已经能够制造尿液，头发也开始迅速生长起来。他的感觉器官开始按区域迅速发育，神经元之间的关联开始增多。

本周胎教要点

· 美学胎教，捕捉生活中的美。这一时期的美学胎教依然很重要。生活中的美无处不在，孕妈妈可以带着胎宝宝一起去发现、捕捉以及分享那些美好。不方便远行的话，孕妈妈可以通过看旅游风景光盘、看地理画册和游览日记来获得自然之美的感受。

· 营养胎教，适度摄入脂肪。必要的脂肪，可保证胎宝宝正常的生长发育，尤其一些不饱和脂肪酸，更是合成胎宝宝神经髓鞘的重要物质。海鱼、海虾、核桃、奶酪、三文鱼、杏仁、开心果、花生等含有有益于智力发育的不饱和脂肪酸，孕妈妈可以多吃一些。

胎教理论

对话胎教

父母亲通过动作和声音与腹中的胎儿对话是一种积极有益的胎教手段。在对话过程中，胎儿能够通过听觉和触觉感受到来自父母爱的呼吸，对促进胎儿的身心发育具有十分有益的影响。对话可从怀孕3～4个月开始，每天定时刺激胎儿，每次时间不宜过长，1分钟足够。对话内容不限，可以问候，可以聊天，可以讲故事，以简单、轻松、明快为原则。例如早晨起床前轻抚腹部，说声“早上好，宝宝”。打开窗户告诉胎儿：“哦，天气真好。”等等，最好每次都以相同的询问开头和结尾，这样循环往复，不断强化，效果较好。晚上父亲临睡前也要和胎儿说说话，这些熟悉的声音可促进胎儿听觉发育，记忆增强。

孕妇在对胎儿做听觉胎教时，应细致地观察胎儿有何反应。若是胎儿反应强烈，就应暂停。

每天适当增加对话次数

随着妊娠的进展，每天还可适当增加对话次数，可以围绕父母的生活内容，把每一件新鲜事物和美好的感受反复传达给胎儿。最后还需提醒大家：由于胎儿还没有关于这个世界的认识，不知道谈话内容，只知道声音的波长和频率，而且，他并不是完全用耳听，而是用他的大脑来感觉，接受着母体的感情。所以在与胎儿对话时，孕妇要使自己的精神和全身的肌肉放松，精力集中，呼吸顺畅，排除杂念，心中只想着腹中的宝宝，把胎儿当成一个站在面前的活生生的孩子，娓娓道来，这样才能收到预期的效果。

孕中期是胎宝宝处于相对安定的时期。当孕妈妈出去散步、买东西、郊游、参观时，要善于与周围的人微笑相处。只有这样，才会捕捉到生活中充满乐趣的新话题，以便富有情感、绘声绘色、自言自语地对宝宝讲授。诸如人们生活中的友善相处、居处的环境、维持社会机构的机关和设备、自然界不同季节的变化、动物的生态情况等，让宝宝在母体内生活的过程中逐渐熟悉自然界及人类社会的知识，让宝宝在胎儿时期就对自己将要降临的人间有所感知。

本周胎教课堂

语言胎教课——童谣《数字歌》

一只小蜜蜂呀，飞到花丛中呀，飞呀，飞呀。
二只小耗子呀，跑到粮仓里呀，吃呀，吃呀。
三只小花猫呀，去抓小耗子呀，追呀，追呀。
四只小花狗呀，去找小花猫呀，玩呀，玩呀。
五只小山羊呀，爬到山坡上呀，爬呀，爬呀。
六只小鸭子呀，跳到水里面呀，游呀，游呀。
七只小百灵呀，站在树枝上呀，唱呀，唱呀。
八只小孔雀呀，穿上花衣裳呀，美呀，美呀。
九只小白兔呀，竖起长耳朵呀，蹦呀，蹦呀。
十个小朋友呀，一起手拉手呀，笑呀，乐呀。

美学胎教课——欣赏一朵花

一花一世界，孕妈妈带胎宝宝来仔细欣赏一朵花吧!

长在泥土里，它的茎是什么样的？有没有刺？叶子是什么形状的？有多大？颜色是深绿还是有些嫩黄？

开在阳光下，它有没有香味？是淡淡的味道还是比较浓郁的香？花瓣是尖还是圆，是单瓣还是双瓣？是什么颜色的？鲜红、明黄还是紫色？颜色是深是浅？一朵花，就是土里的一幅画啊!

孕妈妈还可以借此机会给胎宝宝讲一讲自然百科知识，比如这花属于哪一科？是什么品种？学名是什么？生长过程是怎样的？如果孕妈妈不太清楚还可以找机会请教专业人士或者查看资料。总之，要把握生活中每一个可以和胎宝宝分享美、分享知识的时刻。

准爸爸胎教指南

和孕妈妈一起替未来的宝宝取名字

对宝宝进行语言胎教时，不妨首先给宝宝起个乳名，并时时呼唤。在宝宝出世前准爸爸孕妈妈可以一起发挥自己的聪明才智，给未来宝宝把名字取好。

在怀孕5～6个月的时候，胎宝宝就有了听觉，这个时候如果准爸爸孕妈妈经常呼唤胎宝宝的乳名，他会记忆深刻，等到出生后，当他听到有人呼唤他的乳名时，这种熟悉的感觉会使他产生一种特殊的安全感，烦燥、哭闹明显减少，有时会露出高兴的表情。

虽然宝宝出世以前并不知道是男孩还是女孩，但是这并不妨碍准爸爸孕妈妈给宝宝起个中意的名字，反而还能让爸爸妈妈对宝宝的未来充满期待，激发他们的慈爱之心，不会觉得取很多个名字备用会很麻烦。

第21周

胎教尖峰时刻

第21周记：此时正是胎教任务最重要的时期，我会不断提高自身修养，把握时机对我的宝宝进行教育。将我的爱全部付诸实际行动。

宝贝，为了表达我的爱，我会努力行动起来的！

本周宝宝与胎教要点

胎宝宝变得滑溜溜的

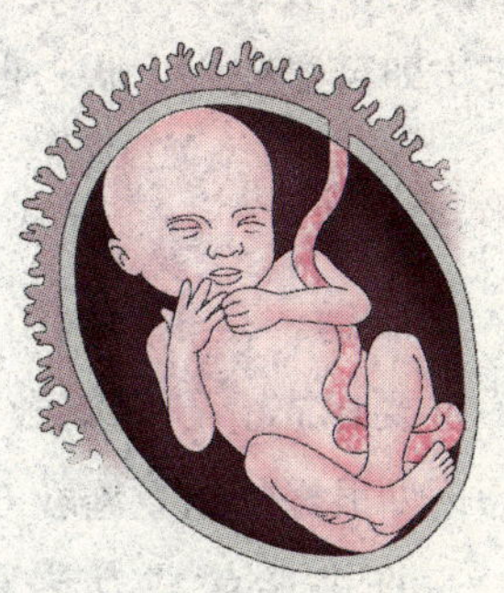

胎宝宝这周不但体重增加了，身上还出现了一层白色的、滑腻的胎脂，胎脂可以保护胎宝宝免受羊水长期浸泡带来的伤害，有的胎宝宝出生之后身上还带着这层胎脂。

本周胎教要点

·语言胎教，用故事培养想象力。色彩丰富、富于幻想的儿童图书《匹诺曹》、《狐狸列那的故事》、《尼尔斯骑鹅旅行记》、《阿拉丁》等都是绝佳的故事蓝本，孕妈妈根据故事内容，调动想象力在自己脑海里编排出故事情节，传递给胎宝宝，这些更有利于宝宝将来能够拥有丰富的想象力和创造力。

·营养胎教，补充B族维生素。在妊娠6月，孕妇和胎儿的营养需求猛增，因此孕妇要注意适当地增加营养，以保证身体的需要，孕妇体内能量及蛋白质代谢加快，对维生素B的需要量增加，所以要多食用富含维生素B的食物。

胎教理论

胎动与胎宝宝安全

怀孕3个月后，宝宝初具人形，他在羊水中像鱼儿一样自由游动。因为此时宝宝较小，羊水较多，虽然宝宝在活动，甚至活动幅度较大，孕妈妈也不一定能感觉到。到怀孕16周后，有的孕妈妈可能会感觉到胎动，而初次怀孕的孕妈妈由于缺乏经验，往往要到18～20周时才能明显觉察到胎动。

胎动是宝宝正常生理活动之一，它与宝宝肌肉张力、神经系统功能以及母体供氧有关。安静型宝宝胎动比较柔和，次数较少；兴奋型宝宝胎动动作大，次数多。宝宝受到外界刺激如声音、振动时，胎动会增多；宝宝缺氧时胎动会减少；一般下午2～5时胎动最少，下午6时到晚上11时胎动最活跃，次数最多，早晨和上午介于两者之间。如果胎动消失24～48小时，宝宝即可能死亡，胎心也随之消失。

数胎动胎教

胎动，是子宫内胎儿生命健康的重要标志。孕妈妈数胎动可以成为一种很好的胎教施教方式。

许多胎教成功者最深刻体会是：胎儿蕴藏着神秘莫测而又巨大的生命力。

在通常情况下，第1次胎动是在妊娠18～20周之间。此时，孕妈妈应该坚持有规律地数胎动。孕妈妈每天应测试3小时的胎动，分别在早上、中午、晚上各进行一次。将

所测得的胎动总数乘以4，作为每天12小时的胎动记录。如果每小时少于3次，则要把测量的时间延长至6或12小时。

孕妇每天坚持自数胎动，既是十分简便而且是行之有效的对胎儿进行监护的办法，又可以与多种基本的胎教方法结合起来，成为一种很好的胎教施教方式。

数胎动时，由于母亲对胎儿的高度注意，所以是实施胎教的很理想的时机。通过对胎儿身体姿态的丰富想像，自然而然地就可以对胎动进行生动描绘，这时与胎儿进行对话，就能够增进母子之间的感情交流。

比如说："这一下是头撞，练的是头功；这一下是击拳，拳功真棒；这一下是踢脚，大有足下生风、临门劲射之势。又来了，这回可是全身运动，舒展开怀……"

一边联想，一边轻声地喝彩鼓励。母亲这些意念作用，无疑会增加母子之间的依恋之情，对于胎儿出生后的心理、智力、意志、爱好、情趣以及生长发育都将产生良好的影响。

孕妇每天看电视中的新闻联播以及天气预报之后，定时自数1小时的胎动，并且把胎动次数记录下来，逐日逐月绘成一张胎动图，只要持之以恒，这幅图将会是一份保健图。

这幅图如果保存起来，也是很有意义的，这何尝不是一份母爱示意图。

本周胎教课堂

营养胎教方案——孕6月饮食原则

孕6月，胎儿生长发育明显加快，骨骼开始骨化，脑细胞增加到160亿个左右就不再增加，而大脑的重量继续增加。孕妈妈孕6月的饮食原则如下：

1. 孕妈妈应开始进行蛋白质、脂肪、钙、铁等营养素的储备；
2. 为避免加重浮肿现象，盐分应有所节制；
3. 孕6月，孕妈妈容易便秘，应该多吃富含纤维素的蔬菜、水果。牛奶有利于排便，应多饮用。

语言胎教课——故事《天堂里的农夫》

从前，有一个生活贫穷、心地虔诚的农夫来到了天堂的门前。同时来的还有一位生前富甲一方的大财主，他也想进天堂。

圣彼得拎着钥匙来了，他打开了大门让财主进了天堂，似乎没有看见农夫，就把门随手关上了。这时外面的农夫听到了财主如何受到各种各样的礼遇和接待，那儿既有奏乐，又有歌唱，最后一切又归于平静了。

圣彼得又来了，打开了门，让农夫进去了。农夫原想他进去后也会有奏乐和歌唱，可里面竟是静悄悄的一片。不过他还是受到了很热情的接待，天使们都走来欢迎他，只是没有谁来唱歌。

于是农夫问圣彼得为什么财主来给他唱歌，而他来却不一样，好像天堂和人间一样，也存在着偏心。圣彼得回答说："根本不是这回事，你和任何别的人一样对我们来说都很可爱，也一定会和那富人一样享受天堂里所有的乐趣，但是像你这样心地虔诚的穷人每天都有人来到天堂，而像他那样的富人一百年内进天堂的却只有一个呢！"

胎教奇葩——斯瑟蒂克胎教法(十一)

斯瑟蒂克在唱歌和听音乐时，时刻都意识到腹中的胎儿在用心地倾听，这非常重要。刚开始要做到这一点并不那么容易，因为在工作和缝衣服的时候，一边想着胎儿，一边唱歌很难同时做好，为此，斯瑟蒂克只记住几首经常哼唱的歌曲、乐曲，并养成唱歌的习惯。后来用了不到一个月的时间，就能得心应手了。

在选择歌曲、乐曲时，斯瑟蒂克首先考虑的是它们会对腹中的胎儿产生什么样的影响，因此选择时极为慎重。有些曲子也许很合你自己的兴趣，但若是激烈的摇滚舞曲、爵士舞曲的话，就不适合用于胎教。这类曲子不仅不会给胎儿带来好的影响，而且还会加深你心中的激动或者伤感，从而给胎儿那如同白纸一般的大脑留下深深的痕迹。所以，不应只给孩子听母亲自己喜欢听的歌曲、乐曲，而要选择感觉明快、曲调平稳、柔和的歌曲或乐曲。

当然，除此之外，只要是能使你心里充满幸福和甜蜜的歌曲或乐曲，都可以成为胎教的内容。

准爸爸胎教指南

与胎儿一起“看图说话”

孕妈妈准爸爸用富于想象力的大脑将图画中的幻想世界放大后传递给胎儿，能够很好地促使胎儿的心灵健康成长，最常见的方式是看画册。

在看画册的时候，既要欣赏画册的美，也要把画册的内容或小知识讲给胎儿听。在讲的时候，如果对植物了如指掌，可以多讲讲植物；如果对美术造诣较深，不妨介绍美术；若是擅长绘画和写作，可以将图画赏析给胎儿听。

选择画册时，准爸爸应尽量帮孕妈妈找一些色彩丰富、内容愉快、富于幻想、情节独特，能唤起人幻想、幸福和希望的幼儿画册等。最好将那些描绘残酷和恐怖场面的画页删除，以免胎儿感到不必要的恐惧。孕妈妈还可以自己绘制一些图画。绘画的过程本身也是一种修身养性、陶冶身心的行为，还可以培养自己的美学修养，一举两得。

第22周

与宝宝快乐互动

第22周记：现在的胎宝宝在母体里已经开始自由自在地舒展了，我知道宝宝的“多动”行为是在要求我能多与他进行互动交流。因此，我会经常跟宝宝说话，给他听美妙的音乐。

本周宝宝与胎教要点

胎宝宝长眉毛了

本周的胎宝宝，体重达到400克左右，身长已经超过28厘米，手指甲长出来了，小眉毛也长出来了，听声音的本事更大了，不但孕妈妈的声音他能够听得见，还能听见外界的一些声响了。

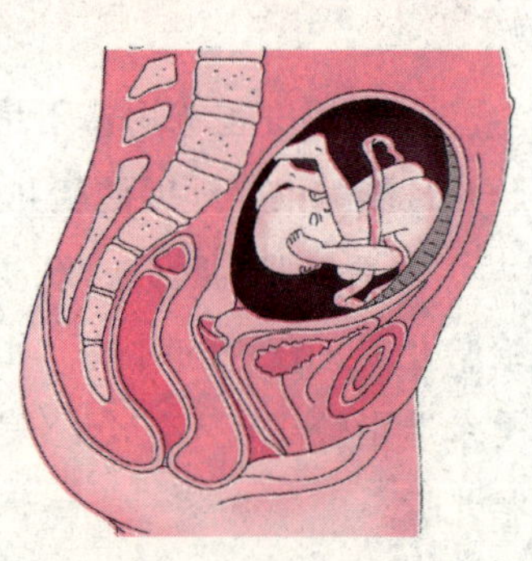

本周胎教要点

· 美学胎教，培养胎宝宝的创造力。优秀的美学作品，能够开拓人的视野和思维模式，使人头脑更加灵活。如果孕妈妈选修了插花或者布艺等手工艺班，对胎宝宝来说就是一个非常好的美学胎教机会，缝纫、画画、串珠、剪纸、陶艺……亲自动手，让胎宝宝和你一起感受美、创造美吧！

· 营养胎教，需要更多的铁。这个阶段胎宝宝需要更多的铁，来制造血液中的红细胞和辅助其他器官的发育，许多食物的铁含量都很丰富，

如猪肉、牛肉、动物肝脏、木耳、紫菜、发菜、荠菜、黑芝麻、藕粉、黑豆、胡萝卜、黄花菜等，孕妈妈平时注意补充，能够预防缺铁。

胎教理论

美术欣赏与胎教

人要保持身心健康，就要适当丰富自己的精神活动。例如听音乐、看书、读诗、旅游或欣赏美术作品等，这些美好的情趣有利于调节情绪，增进健康，陶冶人的情操，而且对下一代也是非常重要的。

准爸爸和孕妈妈可以一起去看美术展览，边欣赏边谈论自己的观点。有些美术作品要反复揣摩，才能品味出艺术的醇美，步入艺术的境界，才能油然而生美的感受和遐想。通过对这些美术作品的欣赏，潜移默化中也让你的宝宝受到了熏陶。

另外，孕妈妈要提高自己的艺术鉴赏力，因为对美术作品欣赏能力的程度，直接关系到孕妈妈传递给胎儿信息的丰富程度，它是每一个孕妈妈都应该不断学习和提高的一种文化艺术修养。它要求孕妈妈在理解美术作品的基础上，用心去体会，引起情感上的共鸣，产生美的感受，从而达成对胎儿的美育胎教。

插花与胎教

孕妈妈除了可以欣赏美术作品，还可以通过插花来培养情操，插花也是一种艺术胎教。孕妈妈可不要小看了插花这一小小的动作，这里面可是饱含着思想感情，即使是孕妈妈随手一插，也是蕴含着意境的。孕妈妈不妨动手来试一试，或许可以平静心绪。下面教孕妈妈做一个纸筒插花。

首先准备材料。寻找废弃纸筒一个（茶叶筒、饼干筒均可），试管数支（可用玻璃杯代替），小菊花数枝，龟背叶两片（可用栀子花叶代替）。

然后进行如下插花步骤：

(1)将装好水的试管放进纸筒里，装满纸筒为止。

(2)将修剪好的小菊花插入试管中，摆出自己喜欢的造型。

(3)将龟背叶插放到小菊花枝叶间，遮住纸筒口，调整到盾不到试管。

步骤并不复杂，很容易就学会了吧!

本周胎教课堂

语言胎教课——给宝宝读唐诗(五言)

孕期多读文字作品，宝宝出生后对语言的敏感性更强，更富于形象思维。现在就给胎宝宝读几首唐诗，不但能够感受文学的趣味，还有助于怡情养性。

悯 农

李绅

锄禾日当午，汗滴禾下土。
谁知盘中餐，粒粒皆辛苦。

登鹳雀楼

王之涣

白日依山尽，黄河入海流。
欲穷千里目，更上一层楼。

静夜思

李白

床前明月光，疑是地上霜。
举头望明月，低头思故乡。

春 晓

孟浩然

春眠不觉晓，处处闻啼鸟。
夜来风雨声，花落知多少。

意念胎教课——展开想象之旅

1. 想象宝宝面容

孕妈妈可以在入睡前或者坐下休息时来一次小小的想象之旅，想象的对象就是你可爱健康的胎宝宝。

孕妈妈可以一边用手轻轻地抚摸肚皮，一边想象这是宝宝的小手，这双手将来会变得修长，而且非常的灵巧，想象着这双灵巧的手能够演奏出优美的音乐或者是画出美丽的图画……

还可以想象宝宝将来会有一头浓密乌黑的头发，会有一双明亮清澈的眼睛，一个挺拔英俊的鼻子，一张总是喜欢微笑的嘴……

孕妈妈可以尽情想象，可能这种想象真能够变成事实呢。

2. 写下对宝宝的期待

你可以一边想像宝宝的可爱面容，一边联想宝宝的成长。你希望自己的宝宝成长为一个怎样的人？这种时候，是不是满怀期待，涌起很多话想和宝宝说？那么就提起笔，写下对宝宝的期待和想说的话吧！既是对自己的提醒，也是对宝宝的祝愿，还能作为一份成长礼物，送给将来长大了的宝宝。

准爸爸胎教指南

向当爸爸的同事、朋友吸取经验

孕妈妈怀孕意味着准爸爸要“升格”做爸爸了。这个新角色对年轻准爸爸来说是完全陌生的，肯定会遇到很多以前从来没有经历过的事情，当然也就难免会犯一些错误。所以，准爸爸最好在孕妈妈怀孕期间了解一下哪些是新爸爸应该避免的，从准爸爸顺利晋升为一个合格的新爸爸。

准爸爸可以通过很多途径学习孕期经验，向同事和朋友交流是最直接有效的方式之一。同事和朋友是准爸爸比较熟悉的群体，他们中当爸爸的人往往能提供十分有价值和中肯的信息，同时，作为过来人，他们还可以帮助准爸爸规避一些在孕期很容易犯的小错误，另外同事和朋友的经验要比从网络和书本上看到的更鲜活、更具有操作性，印象也更深一些，不容易忘记。

从老公到准爸爸再到爸爸的角色转变认知，对准爸爸自己以及小家庭来说，都十分重要。以一种为人父的成熟心态和责任感来对待孕育，可以让小家庭更加和睦与团结起来。

第23周

积极进行胎教

第23周记：今天我的腹部有一种好像跳动一样的奇怪感觉——他们说那是宝宝在打嗝。尽管他需要的所有氧气都是由我通过脐带输送给他的，但他好像自己也在练习呼吸和吞咽。

本周宝宝与胎教要点

胎宝宝牙胚开始发育了

这一周，胎宝宝体重约450克，皮下脂肪还没有生成，皮肤皱巴巴的。不过胎宝宝已经有了微弱的视觉，恒牙的牙胚开始发育，胎动更多更明显。

本周胎教要点

·情绪胎教，不要患得患失。因为重视腹中的宝宝，孕妈妈更容易出现患得患失的心理，这时可以看一些温情电影，如《阿甘正传》、《天使爱美丽》、《音乐之声》等，看过之后，你会发现生活原来隐藏着那么多的美好，心情也随之开朗起来。

·运动胎教，缓解下肢浮肿。大多数孕妈妈在怀孕期间都会出现下肢浮肿，为减轻症状，孕妈妈每天卧床休息至少9～10小时，中午最好平卧休息1小时，左侧卧位利于水肿消退。已发生水肿的，睡觉时把下肢稍垫高可以缓解症状。

胎教理论

实施胎教忌懒惰

许多妇女怀孕后，由于体内激素发生变化，很容易出现倦怠无力、发困的情形，也有的妇女认为在怀孕后胎儿尚小，害怕过多的活动会惊动或伤着胎儿，对胎儿不利，所以也都不愿活动。有的人还美其名曰为“顺其自然”。实际上，这对胎儿是不利的。

根据研究，胎儿能够感知母亲的思想，孕妇与胎儿之间是有信息传递的，如果母亲既不思考也不学习，胎儿也会深受感染，变得懒惰起来，这对于胎儿的大脑发育是极为不利的。

因此，怀孕的母亲要始终拥有浓厚的生活情趣，保持强烈的求知欲和好学心，充分调动自己的思维活动，从自己做起，勤于动脑、勇于探索，在工作上积极进取，在生活中注意观察，把自己看到和听到的事物通过视觉和听觉传递给胎儿，使胎儿不断接受刺激，促进其大脑神经和细胞的发育。

编织让宝宝心灵手巧

经胎教实践证明，孕期勤于编织的孕妈妈，所生的孩子都会比在孕期不喜欢动手动脑的孕妈妈所生的孩子，在日后的教育培养上更“手巧、心灵”一些。

运动医学研究证明，在进行编织时，会牵动肩膀、上臂、小臂、手腕、手指等部位的30多个关节和50多块肌肉。

这些关节和肌肉的伸屈活动，只有在中枢神经系统的协调配合下才能完成。管理和支配手指活动的神经中枢在大脑皮层上所占面积最大。手指的动作精细、灵敏，可以促进大脑皮层相应部位的功能发展，通过信息传递的方式，可以促进胎儿大脑发育和手指的精细动作。

本周胎教课堂

胎教活动课——折纸两例

妈妈多动手，宝宝更聪明。怀孕期间，通过你的活动，可以让你的宝宝出生后更加心灵手巧。折纸是较好的胎教活动。孕妈妈感兴趣，可找本折纸的书来，有空就和胎宝宝玩玩折纸，可以一边折一边和宝宝说话。

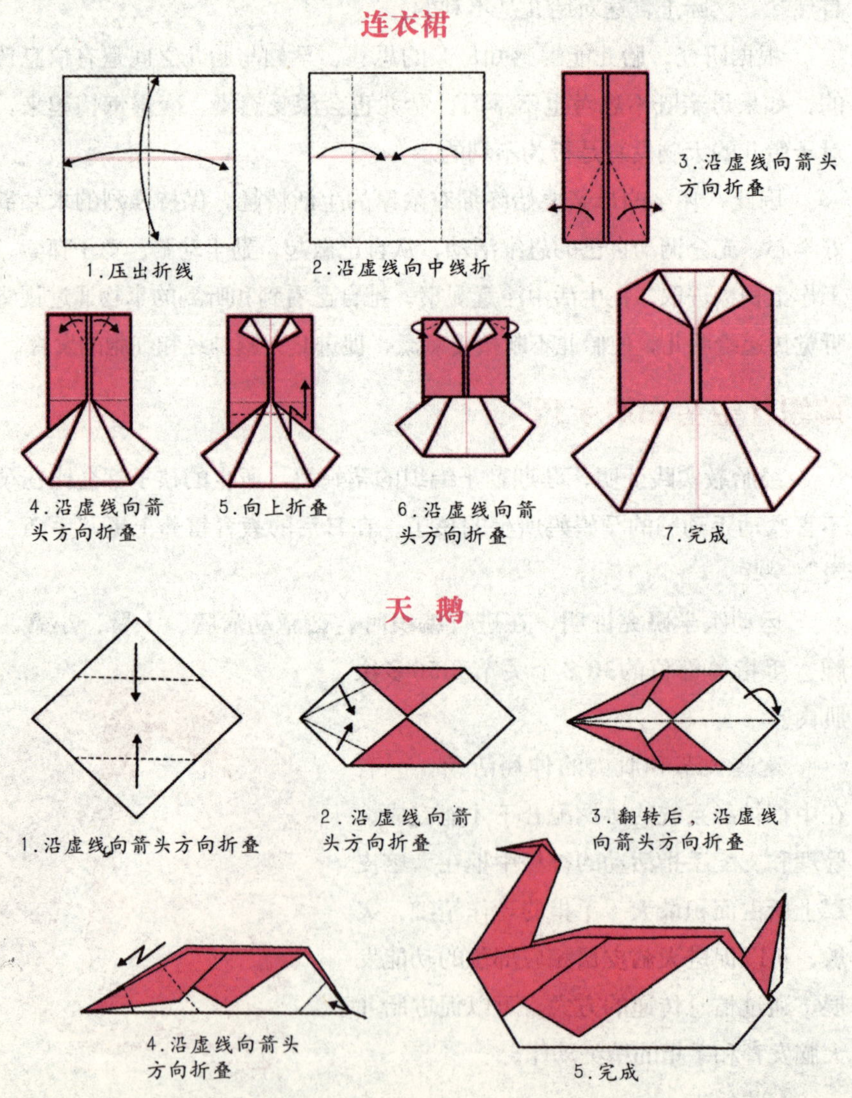

胎教奇葩——斯瑟蒂克胎教法(十二)

有一项研究认为，在胎儿出生前几个月，母子的生活节奏和反应都是相互吻合的。报告记录了这样一个调查结果：将早睡早起的孕妇和晚睡晚起的孕妇分成两组，观察出生后孩子的睡眠情况，结果发现，早睡早起的母亲生的孩子也同样早睡早起。这不但证明了孩子出生前母子的纽带关系已经形成，而且还告诉我们这种关系对孩子出生后仍有影响力。由此可见，孕妈妈养成健康的生活方式是多么重要。

应该注意的是，节奏是不能强制的。当斯瑟蒂克心情焦躁，感到不愉快或生气的时候，即使到了规定的时间，也不硬性坚持对孩子进行胎教。每当这个时候，她就耐心地等待着，一直等到自己的心情恢复得如同黎明前的湖面一样平静。在此之前，斯瑟蒂克会采取到院子里摘花、放自己喜欢听的唱片或是给知心朋友打电话等办法，来冲淡心中的不快。

也就是说，有规律的生活尽管很重要，但不要忘记，首先必须要有爱。如果仅就睡眠来说，通过习惯是可以形成的，但若要建立智力及精神方面的“纽带”，则还要在习惯上再加上爱。

准爸爸胎教指南

丰富家庭业余生活

和谐的家庭氛围，可使胎儿在这种快乐轻松的胎教环境中获得良好的心灵感受，从而健康地成长。

准爸爸要创造良好的家庭氛围，丰富家庭业余生活。假日里夫妻可以共赏音乐，畅谈感受，或者是一起到河边垂钓，效外踏青，散步谈心，欣赏摄影作品，使孕期生活充满情趣，富有活力。

陪孕妈妈一起上产前教育培训班

准爸爸有时间的话尽量陪孕妈妈一起上产前教育培训班，可以更多地学到孕期保健常识，除个别课程外，大部分都建议带配偶参加。通常周末白天晚上都上课，以方便孕妈妈选择，每堂课1～2小时不等。这些课程基本涵盖了所有妊娠问题，包括孕妈妈营养保健、孕期心理健康、骨盆操、分娩止痛选择、胎儿发育、母乳喂养、新生儿护理、产后保健、防止产后忧郁等。

第24周

优化内外环境

第24周记：我越来越感到自己身体的沉重，虽然享受着即将当妈妈的快乐，但孕期不适给我平添了许多烦恼，甚至造成过分紧张与不安，我知道这对胎教是非常不利的。所以我必须了解并掌握一些缓解孕期不适的方法，以便给胎宝宝创造一个完好的生存内环境。

本周宝宝与胎教要点

胎宝宝可以听到更多的声音

现在的胎宝宝长到600多克了，孕妈妈的说话声、心跳声、肠胃蠕动声以及大一些的噪音都能被他听见，对于较大的噪音还会表现出明显的不安，现在的他已经开始为储备皮下脂肪做准备了。

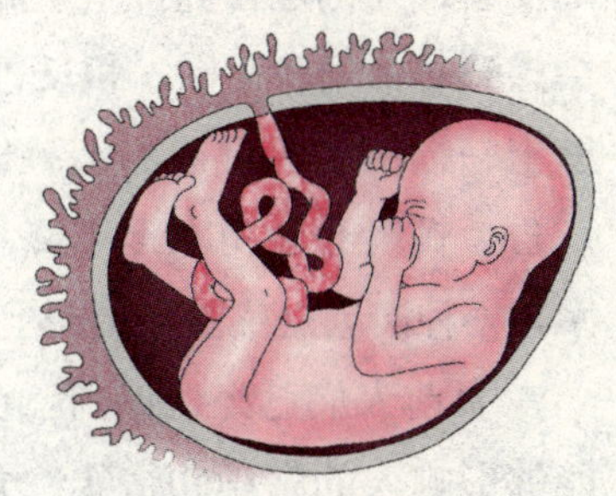

本周胎教要点

·情绪胎教，胎宝宝不喜欢坏情绪。分娩前的心理准备远远胜过了学习各种知识及练习，不善于控制情绪的准爸妈容易给胎宝宝的成长留下阴影。平时准爸爸要尽量避免让孕妈妈受到刺激，多创造轻松和谐的外环境，开动脑筋，丰富孕妈妈的业余生活。

·营养胎教，预防妊娠贫血。很多时候，孕妈妈的饮食结构单一、过于精细或偏食以及过度补钙、营养不均衡等。容易引发缺铁性贫血或巨幼红细胞性贫血。通过合理膳食，可以有效预防这两类营养性贫血。多吃富含维生素C的果蔬，有助于铁的吸收。

胎教理论

环境色彩对胎教的影响

人的第一感觉是视觉，对视觉影响最大的因素是色彩。一位心理学家曾经做过一个非常有趣的实验，题目叫做“色彩与人”。他的实验目的是为了了解人在不同颜色的房间里的工作及心理状况。研究结果发现，长期处在黑色调房间里的人，即使不做任何体力及脑力活动，也会感到心烦意乱、情绪低沉、躁动不安、极度疲劳。

在淡蓝色、粉红色和其他一些温柔色调的房屋里工作的人，一般比较宁静、比较友好、性情比较柔和。

在红色房间里工作的人，也会感到心情压抑，万分疲劳。

实验还表明，改变环境的色彩能够立即改变人们的心情。烈日炎炎的夏季，人们走在拥挤不堪的大街上，进入琳琅满目、色彩缤纷的商店都会感到心中烦躁不安。相反进入色调轻爽、凉气袭人的冰淇淋室，望着墙壁上一幅幅引人食欲的消暑佳品广告，顿时会觉得温度下降了许多，一种清凉之感便油然而生。

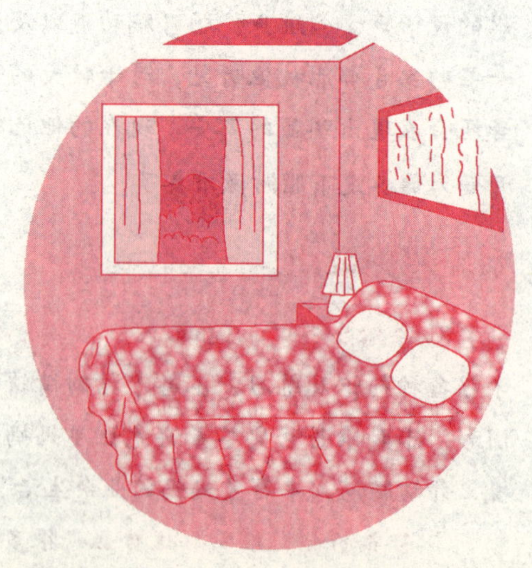

目前人们已经认识到，色彩能够影响人的精神和情绪。它作为一种外在的刺激，通过人的视觉产生不同感受的结果，给人以某种作用。因此，精神上感到舒畅还是沉闷，都与视觉有着直接的关系。可以说，不舒服的色彩如同噪音一样，使人感到烦躁不

安，而协调悦目的色彩则是一种美的享受。一般说来，红色使人激动、兴奋，能鼓舞人们的斗志；黄色明快、灿烂，使人感到温暖；绿色清新、宁静，给人以希望；蓝色给人的感觉是明静、凉爽；白色显得干净、明快；粉红和嫩绿则预示着春天，使人充满活力。

对孕妇来说，因体内激素的变化，孕妇往往性情急躁，情绪波动较大。因此，要有意识地多接触一些偏冷的色彩，如绿色、蓝色、白色等，以利于情绪稳定，保持淡泊宁静的胎教心境，使腹内的小宝宝安然平和地健康成长，而不宜多接触红、黑等色彩，以免产生烦躁、恐惧等不良心理，影响胎儿的生长发育。因此，在布置孕期居室，选购日常生活用品，以及居家旅行时要有意识地注意这个问题。

注意色彩搭配对情绪的作用

居室的色彩具有强烈的暗示作用。孕妈妈如果在纷繁复杂的环境中工作，居室色彩应该简洁、温柔、清淡，如乳白色、淡蓝色、淡紫色、淡绿色等。因为白色给人一种清洁、朴素、坦率、纯洁的印象，其他如淡蓝色、淡青色等给人一种深远、冷清、高洁、安静的感觉。孕妇从繁乱的环境中回到宁静优美的房间，内心的烦闷便会趋于平和、安详，心情也会稳定。如果孕妇是在紧张、安静，技术要求高，神经经常保持警觉状态的环境中工作，家中不妨用粉红色、橘黄色、黄褐色布置。因为这些颜色都会给人一种健康、活泼、鲜艳、悦目、希望的感觉。孕妇从单调的色彩环境、紧张的工作状态中回到生机盎然、轻松活泼的环境中，神经可以得到松弛，体力也可以得到恢复。

本周胎教课堂

语言胎教课——给宝宝读唐诗（七言）

经典的古代诗词韵律起伏、抑扬顿挫，很能陶冶人的性情，读来朗朗上口，给人以美的感受和思考，孕妈妈要经常带上情感朗读这些优秀诗词。

下江陵	枫桥夜泊	山　行
李白	张继	杜牧
朝辞白帝彩云间，	月落乌啼霜满天，	远上寒山石径斜，
千里江陵一日还。	江枫渔火对愁眠。	白云生处有人家。
两岸猿声啼不住，	姑苏城外寒山寺，	停车坐爱枫林晚，
轻舟已过万重山。	夜半钟声到客船	霜叶红于二月花。
赠汪伦	**菊　花**	**乌衣巷**
李白	黄巢	刘禹锡
李白乘舟将欲行，	待到秋来九月八，	朱雀桥边野草花，
忽闻岸上踏歌声。	我花开后百花杀。	乌衣巷口夕阳斜。
桃花潭水深千尺，	冲天香阵透长安，	旧时王谢堂前燕，
不及汪伦送我情。	满城尽带黄金甲。	飞入寻常百姓家。

准爸爸胎教指南

准爸爸学一学测量宫高的方法

在第5个月时，医生常常会通过腹壁触摸，测量出耻骨上缘到子宫底的长度，这就是在测量宫高。

通过宫底高度的变化，可以推测胎儿的生长情况。例如，当胎儿由纵产式变为横位时，宫高会有所降低，臀位的胎儿端坐在宫腔内，宫高会显得高一些，怀孕末期时，胎儿的入盆会让宫高降低。准爸爸也可以学一学怎么测量宫高，这样在家的时候也可以帮助孕妈妈测量，随时了解孕妈妈子宫的情况，从而推测出胎儿的生长情况。

宫高是指耻骨联合上缘至子宫底最高点的距离，表示子宫的长径，脐水平的腹围代表子宫横径及前后径。这三个径线综合起来，能较准确地反映子宫大小，是产科检查中简便又可靠的方法。

不同孕周子宫底高度和子宫长度

妊娠周数	手测子宫底高度	子宫长度（cm）
12周末	耻骨联合上2～3横指	/
16周末	脐耻之间	/
20周末	脐下1横指	18（15.3～21.4）
24周末	脐上1横指	24（22.4～25.1）
28周末	脐上3横指	26（22.4～29.0）
32周末	脐与剑突之间	29（25.3～32.0）
36周末	剑突下2横指	32（29.8～34.5）
40周末	脐与剑突之间或略高	33（30.0～35.3）

为孕妈妈测腹围

准爸爸应该从本周开始每周一次用皮尺围绕孕妈妈脐部水平一圈，为孕妈妈进行腹部测量。

腹围平均每周增长0.8厘米。怀孕20～24周时增长最快；怀孕34周后，腹围增长速度减慢，若此期间孕妈妈的腹围增长过快，应警惕羊水过多或是双胞胎等。如果以妊娠16周测量的腹围为基数，到足月，平均增长值为21厘米。不按数值增长时，通常会给孕妇带来担忧和困惑。实际上，每个孕妇腹围的增长情况并不完全相同。

第25周

和宝宝娓娓道来

第25周记： 宝宝此时对我的声音已十分敏感，亲切的语调，动听的语言，将会通过语言神经的震动传递给腹中的胎宝宝，使他产生一种安全感，从而能达到促进大脑发育，提高记忆力的目的。

本周宝宝与胎教要点

胎宝宝大脑发育高峰期

现在胎宝宝的体重稳定增长，本周大约有700克的体重了，皮肤很薄而且有皱纹，全身覆盖着一层细细的绒毛。胎宝宝的大脑细胞迅速增殖分化，体积增大，进入了大脑发育高峰期。

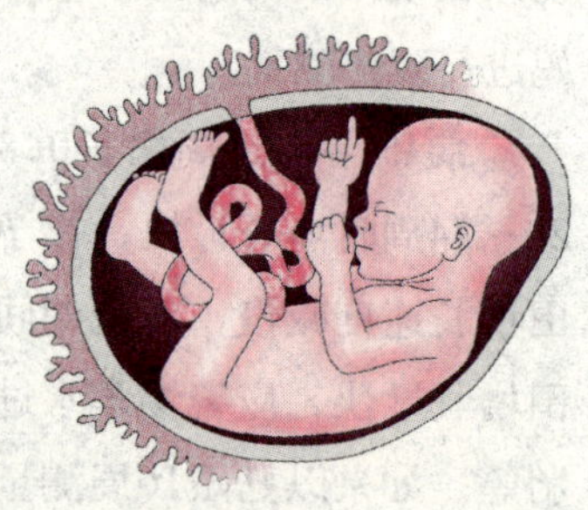

本周胎教要点

·语言胎教，促进胎儿语言和智能发育。每天尽可能与胎宝宝聊天，讲故事，听音乐，并结合这些内容抚摩肚皮。抚摩肚皮除可了解胎动的情况之外，也可以让子宫内的胎宝宝感受到妈妈的关怀。

·情绪胎教，塑造胎宝宝良好性格。孕妈妈的修养、品位对胎宝宝的情绪、性格、健康、心理起着至关重要的作用，正因如此，孕妈妈更应乐

观坚强，经常自己给自己加油！准爸爸也要及时给予支持和鼓励，这对孕妈妈增强自信有极大的帮助。

胎教理论

语言胎教

富于哲理和韵律的语言，有目的地对子宫中的胎儿讲话，给胎儿期的大脑新皮质输入最初的语言印记，能为后天的学习打下基础。

语言胎教的时间和方法

胎儿从4个月的时候开始就对声音有了感觉能力，语言胎教就可以在胎儿4个月时开始。但如果考虑孕妇愉悦的心情、充满爱意的抚摸和言语对胎儿早期气血形成方面的好处，语言胎教在胎儿开始形成时就可进行。

早期可配合抚摸胎教一起进行，孕妇边轻轻抚摸腹部，边说些温柔的、充满爱意的话，这对胎儿不会有任何伤害，只有促使胎儿气血调和的好处。也可与音乐胎教交替进行，有时说话，有时孕妇哼歌曲，有时播放音乐，配合抚摸胎教一同进行。

胎儿满6个月时，孕妇可以借鉴国外专家的一些方法，对胎儿开始系统性的语言胎教，即进行“胎儿对话”。同时也可配合音乐胎教和抚摸胎教，或轮流进行这几项胎教内容。如能坚持，胎儿出生后会有不同的素质表现。

语言胎教的要领

1. 为了让母亲的感觉与思考能和胎儿达到最充分的交流，最好是保持平静的心境并保持注意力的集中。
2. 在念故事前，最好先将故事的内容在脑海中形成影像，以便比较生动地传达给胎儿。
3. 如果没有太多的时间，只能匆匆地念故事给胎儿听，至少也要选择一页图画仔细地告诉胎儿，尽量将书画上的内容“视觉化”地传达给胎儿。

“视觉化”就是指将鲜明的图画、单字、影像印在脑海中的行为。研究发现，每天进行视觉化的行为，会逐渐增强将讯息传达给胎儿的能力。

4 在选择胎教书籍时，不要有先入为主的观念，自以为宝宝会喜欢哪些书籍，尽量广泛阅读各类书籍。

语言胎教的题材

1.生活内容

可以告诉胎儿一天的生活。从早晨醒来到晚上睡觉，你或家人做了什么、遇到什么事、有什么想法等，都可以用你的语言讲给胎儿听。这是母子共同体验生活节奏的一个方法。比如：早晨起来，先对胎儿说一声“早上好!”告诉他(她)早晨已经到来了。打开窗帘，啊，太阳升起来了，阳光洒满大地，这时你可以告诉宝宝：“今天是一个晴朗的好天气。”

气候也是不错的话题，如阴天、下雨、下雪等，外界气温的冷热、风力的大小、湿度的高低等都可以作为胎教的话题。

还可以介绍每天习以为常的行为，如洗脸、刷牙，爸爸为什么刮胡子，妈妈为什么化妆，肥皂为什么起泡沫，吹风机为什么能把头发吹干？即使一个小小的洗脸间也有着足够的话题。然后是衣着、打扮。

总之，要把生活中的一切都对胎儿叙述，这是胎教中最重要与最基本的。对一天的生活通过和胎儿一起感受、思考和行动，使母子之间的纽带更牢固，并培养胎儿对母亲的信赖感及对外界感受力和思考力的基础。

2.文学语言

不要忽视文学语言对胎教的作用。文学和音乐一样，容易对人的情绪产生影响，将优雅的文学作品以柔和的语言传达给胎儿，是培养孩子的想像力、独创性以及进取精神最好的教材。让

胎儿与母亲一起感受文学的趣味，培养艺术的情感，增进大脑的发育。

阅读文学作品需要选择，许多文学名著思想性、艺术性都好，但对孕妇不一定适宜。悲欢离合、缠绵悱恻的小说引人入胜，但容易引起情绪波动、增加心理负担。至于含有描写暴力、色情的小说，更应该回避。

最好读一些童话、寓言、幼儿画册，并将其所展示的幻想世界，和你富于想像力的大脑放大并传递给胎儿，从而促使胎儿心灵健康成长。可以读一些古代散文、古诗词，在高尚纯洁的文学中，感受文学的趣味，达到怡情养性的目的。

孕妇阅读并与胎儿交流时，一定要倾注情感，喜怒哀乐都将通过富有感情的声调传递给胎儿。而且，不只是朗读文字，还要通过你感受使它形象化，以便更具体地传递给胎儿。

本周胎教课堂

营养胎教方案——孕7月饮食原则

7月的胎儿生长速度依然较快，孕妈妈要多为腹中的宝宝补充营养。在保证营养供应的前提下，坚持低盐、低糖、低脂饮食，以免出现妊娠糖尿病、妊娠高血压、下肢水肿等现象。孕妈妈孕7月的饮食原则如下：

1. 减少饮水，减少盐的摄入量，每天盐的摄入量应控制在10克以下；
2. 选富含B族维生素、维生素C、维生素E的食物，增强食欲，促进消化，有利尿和改善代谢的作用；
3. 多吃水果，少吃或不吃不易消化的、油炸的、易胀气的食物(如白薯、土豆等)，忌吸烟、饮酒。

语言胎教课——童话《木偶传说》

在很久很久以前，有个老艺人，他用毕生的心血雕刻了一对木偶，一男一女，因为雕刻这对木偶用的材料是从森林里弄来的木头，具有很好的坚韧性，木头的材料很好，可也很硬很难雕刻，所以这对木偶身上经常粘有老人雕刻时受伤的血。老人根本不知道，这种木头粘到血之后，就会具有一定的灵性。

在老人花了很长很长的时间把他们雕刻好后，就带着这对木偶到处表演，每次的结束动作，都是男木偶把手上的玫瑰送给女木偶。每次表演完，老艺人都会拿起干净的布，把他们擦得干干净净，把他们当自己的孩子一样爱，对他们说话，还给他们起了名字，女孩叫贝拉，男孩叫贝克。有一天，森林里的精灵在清点森林里的树木数量时，发现少了两棵。于是，森林里的精灵就出来寻找这两个木头，可是当精灵找到这两棵木头时，已经发现他们已经成了木头人，而且木头沾了人类的血，具有了人类的灵性，已有了人类的思想，只是还不能动。好心的精灵告诉这两个木偶说："在过2、3年，你们就将成为正真有生命的人。"这让木偶们非常高兴，他们多想为老艺人做些事情。

可是不幸的事发生了，当冬天来到的时候，由于老人的房子太破，又没有很厚的被子，老人病倒了，病得很重又没人照顾，老人奄奄一息，似乎活不久了。这时，木偶们非常的难过，竟然像人一样流起泪来，他们祈祷老人能好，可看着躺在床上快要死了的老人，他们又不能去照顾，心里难过极了。于是，他们用心呼唤精灵来帮帮他们，精灵听到了他们的呼唤，及时赶来了，木偶们祈求精灵救救老人，可精灵也无能为力，因为他不能对人类施任何魔法。

于是木偶们恳求精灵能给他们一些时间，让他们动起来，让他们能照顾老人，可精灵说，如果这样的话，那他们将永远不能变成人类的。木偶并不在乎，有什么比老人的命更重要呢？于是，木偶在精灵的帮助下能动了，他们给老人煮药、喂饭，精心的照顾着老人，在昏迷中的老人似乎感受到了有人在照顾他，那么亲切，那么熟悉……

在有一天清晨的第一缕阳光照进屋里时，老人睁开了眼睛，却惊讶的看到，趴在他床边的两个木偶，他们已经又回到原来木偶的样子，老人激动的拿起两个木偶，亲了又亲，激动的流着泪，当泪水滴到木偶身上时，木偶们微笑了。

胎教奇葩——斯瑟蒂克胎教法(十三)

处理好家务和胎教的关系。为了进行胎教，还需要留出一段安静的时间。但是，家庭主妇的家务事常常很多。如果母亲每天忙于家务，并且心里感到不满的话，腹中的胎儿也就不可能安心。因此，孕妈妈必须认识到，巧妙地处理好家务事也是进行胎教的一个基本要点。斯瑟蒂克有一个提高做家务事效率的窍门，即事先把每日的打扫工作、食谱及外出计划定下来。比如说：星期一，打扫起居室、卧室外的地毯和家具；星期二，打扫和整理厨房；星期三，冲洗厕所和浴室；星期四，擦拭窗户和门框；星期五和星期六购物等，食谱也按日子定下正餐主菜，像鸡、鱼类、肉馅等。事实上，只要制订一个适合自己生活规律的日程表，那么，所有这些问题都能迎刃而解了。

准爸爸胎教指南

准爸爸抚摸胎教，让胎儿感受爱

抚摸胎教就是孕妈妈或者准爸爸用手在孕妈妈的腹壁轻轻地抚摸胎儿，引起胎儿触觉上的刺激，以促进感觉神经及大脑的发育。

抚摸胎教能使胎儿神经系统活动更加旺盛，从而通过分泌激素让他情绪放松，内心安定，加速生长发育速度。出生后，也容易拥有乐观和自信的生活态度，能自然融入新环境，适应各种情绪变化。同时，还可增进胎儿在子宫里的活动能力。

在给宝宝进行抚摸胎教的时候，准爸爸孕妈妈如果心里怀着能让宝宝长得更好的期望去做，会更激发自己的慈爱之心，能使宝宝感到舒服和愉快。

如果胎儿在子宫中活动较强，出生6个月后，要比活动较差的小宝贝动作发育快，在站立、爬行、行走等运动方面的能力，要比一般的婴儿超前发育，手脚较灵活，步履也更稳健。

第26周

进行心灵对话

第26周记：我知道，宝宝与我是心灵相通的，所以我很努力地调整自己的情绪。我会通过意念相通的特点，给宝宝来点“思维沟通”，从而让胎宝宝充分感受美好的事物和最温暖的爱。

本周宝宝与胎教要点

胎宝宝睁开眼睛了

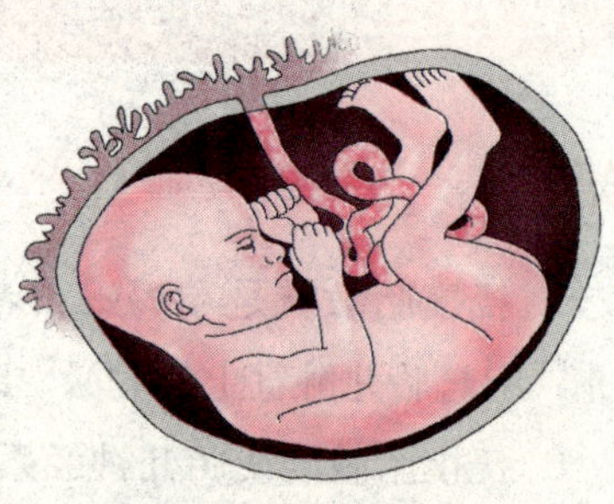

这一周，胎宝宝的体重长到800克左右了。眼睛、嘴唇、鼻孔慢慢形成。这个时候胎儿的大脑对触摸反应很敏感。视觉神经功能已经在起作用了，关节也渐渐灵活。

本周胎教要点

· 音乐胎教，贯穿始终。音乐胎教和运动胎教一样，是贯穿整个孕期的内容，孕妈妈每天都要坚持给宝宝听好听的、他熟悉的音乐。

· 营养胎教，储备热量和蛋白质。胎宝宝的发育和功能的维持，需要有充足的热量和蛋白质的保证，为将来顺利分娩打下坚实基础。奶和奶制品、大豆和豆制品、鱼、虾等食物富含优质蛋白质，各种坚果、畜肉、面点能够提供高热量，孕妈妈可以酌情选择食用。

胎教理论

用经典诵读进行胎教

对胎儿进行经典诵读，效果也非常好。

1 孕妇亲自诵读经典

孕妇可以定时诵读经典给腹中的胎儿听。一直反复念同一经典给胎儿听，会令胎儿神经系统变得对语言更加敏锐。怀孕第8个月直至生产前，是施行阅读胎教的最佳时机。医学研究发现，胎儿的意识萌芽大约发生在怀孕第7～8个月的时候，此时胎儿的脑神经已经发育到几乎与新生儿相当的水平。为了让母亲的感觉与思考能和胎儿达到最充分的交流，要保持平静的心境，并保持注意力集中。

孕妇的喜、怒、悲、思皆可以使血气失合而影响胎儿，所以孕妇宜心境平和，心情舒畅，遇事乐观，不要喜怒无常。孕妇通过诵读经典，可以安母体心神，让"心中之水"平静，为体内的胎儿提供最好的身心环境。

2 丈夫为妻子和胎儿诵读经典

胎教不仅是母亲的责任，也是父亲的责任。父亲在创造良好的胎教环境、调节孕妇的胎教情绪等方面发挥着重要作用。因此，丈夫为妻子和胎儿诵读经典，可以提升夫妻两人的道德修养，改善夫妻关系，促进家庭和睦，保证孕妇精神愉快，身心健康。一个融洽、和谐、温馨和充满爱心的家是保证胎儿身心正常发育的必要条件。

同时，父亲的声音对胎儿的影响是母亲无法取代的。美国的优生学家认为，胎儿最喜欢爸爸的声音，也许是因为男性特有的低沉、宽厚、粗犷的嗓音更适合胎儿的听觉功

能，也许是因为胎儿天生就爱听父亲的声音，所以胎儿对父亲的声音都表现出积极的反应。

3 **听经典诵读的录音**

通过播放经典诵读的录音进行胎教，具有较好的便利性。不论是在休息或者做事时，都可以将录音作为一种背景音乐来听。经典诵读录音对胎儿的影响类似于经典音乐对胎儿的影响，但比音乐的内涵更具有丰富性和价值性。

通过经典诵读实施胎教，不仅提高了夫妻两人自身的心性修养，同时也熏陶和强化了胎儿的德性与慧性，可谓一举多得。因为教育具有连续性，如果能坚持下来，在胎儿出生后，继续对他进行经典诵读的早期教育和智力开发的话，那效果会更好。

本周胎教课堂

抚摸胎教课——推胎儿在宫内“散步”

怀孕六七个月以后，当孕妈妈可以在腹部明显地触摸到胎宝宝的头、背和肢体时，就可以给胎宝宝增加推动散步的练习了。下面就开始吧！

具体方法

孕妈妈平躺在床上，全身放松，轻轻地来回抚摸、按压、拍打腹部，同时也可用手轻轻地推动胎宝宝，让胎宝宝在宫内“散步”。

注意事项

此种练习应在医生的指导下进行，以避免因用力不当或过度而造成腹部疼痛、子宫收缩，甚至引发早产。每次5～10分钟，动作要轻柔自然，用力均匀适当，切忌粗暴。如果胎宝宝用力扭动身体，孕妈妈应立即停止推动，可用手轻轻抚摸腹部，胎宝宝就会慢慢平静下来。

语言胎教课—— 二十四节气七言诗

地球绕着太阳转，绕完一圈是一年。
一年分成十二月，二十四节紧相连。
按照公历来推算，每月两气不改变。
上半年是六、廿一，下半年逢八、廿三。
这些就是交节日，有差不过一两天。
二十四节有先后，下列口诀记心间：
一月小寒接大寒，二月立春雨水连；
惊蛰春分在三月，清明谷雨四月天。
五月立夏和小满，六月芒种夏至连；
七月大暑和小暑，立秋处暑八月间；
九月白露接秋分，寒露霜降十月全；
立冬小雪十一月，大雪冬至迎新年。

准爸爸胎教指南

给孕妈妈做按摩的注意事项

在应对妊娠纹、下肢水肿等不良妊娠反应时，准爸爸可以做的有很多，按摩就是帮助孕妈妈缓解这些症状的好方法之一。

按摩不一定非得有什么专业手法，只要找到让孕妈妈感觉舒适的手法即可。不过，给孕妈妈做按摩时，还是有许多值得注意的地方：

❶ 在开始按摩前，准爸爸应先去掉戒指、手镯或手表，并搓暖双手。

❷ 在开始时，要轻轻按摩，逐渐增加力量，但要保证让孕妈妈感到舒服，而且动作一直要慢。

❸ 孕妈妈的合谷、三阴交、肩井穴位是不能承受强刺激的，按摩这些穴位易引起堕胎。

❹ 准爸爸的手比较粗糙，可以在按摩时准备一瓶按摩油或者润肤油。

第27周

蒙特梭利胎教法

第27周记： 此时是胎宝宝大脑活动非常活跃的时期，我会经常和胎宝宝说说话、做做游戏。讲故事、抚摸胎宝宝或者给他听音乐也是不错的主意，有趣的故事、充满爱心的抚摸和轻松的音乐可以使我的心情平静而愉快，我相信对宝宝未来的语言能力和音乐能力的发展也非常有意义。

本周宝宝与胎教要点

“停不住”的胎宝宝

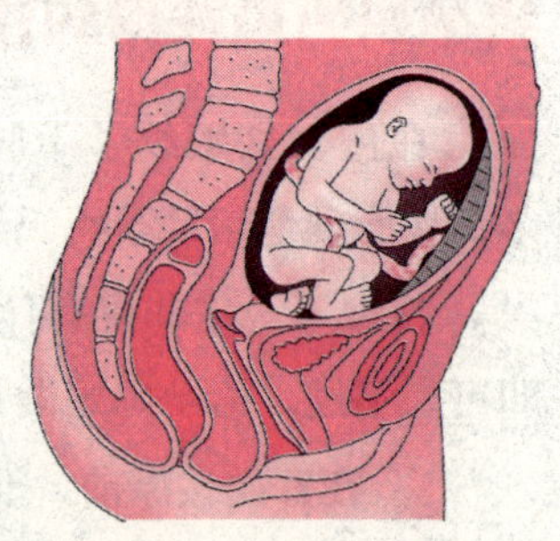

在孕妈妈的肚子里动个不停的胎宝宝，到本周听觉系统已经发育完全，对外界的声音刺激有更明显的反应，但是他的气管和肺部还未发育完全，但是呼吸动作仍在继续。

本周胎教要点

· 语言胎教，锻炼胎宝宝语言能力。孕妈妈可以给胎宝宝朗读朱自清、冰心、秦牧等作家的散文作品，优美隽永，耐人寻味。

· 营养胎教，补充B族维生素。B族维生素对胎宝宝大脑的生长发育有重要作用，但因其全是水溶性维生素，在体内滞留的时间只有数小时，必须每天补充。富含B族维生素的食物，包括黑米、鸡肝、胚芽米、香菇、奶

酪、肉类、牛奶、鱼类、豆类、蛋黄、坚果类、菠菜等。孕妈妈可挑选自己喜欢的来享用。

胎教理论

对于蒙特梭利，许多人并不陌生，她对早期教育有着杰出的贡献。但事实上，蒙特梭利在胎教领域也有极深造诣，她所提出的系统胎教训练法，对胎儿发展的影响也非同小可，我们一起来了解一下吧！

蒙特梭利经典胎教法1——性格训练法

蒙氏和一些科学家的研究发现，人的性格是从胎儿期开始形成的。虽然遗传基因对性格起着一定的作用，但胎儿所生长的环境却对未来宝宝性格的形成有着更深远的影响。

子宫是胎宝宝性格形成的第一个环境。胎宝宝住在孕妈妈的子宫里，能敏锐地感知孕妈妈的思维活动、情绪波动及母亲对自己的态度，这些感受都将直接影响到胎宝宝性格的形成和发展。

◇孕妈妈要注意提升自身性格修养

❶ 孕妈妈在怀孕的每一天，都要注重对自身性情的调节与提升，要多去从事能使自己产生良好感受和愉快心情的事情。

❷ 要让自己的心态放宽广、戒骄戒躁，可以通过欣赏音乐、艺术品来陶冶自己的情操。尽量促使家庭的和谐与美满，并让整个身心充满对宝贝的爱和期待。

蒙特梭利经典胎教法2——记忆训练法

国外的研究结果表明，胎儿对外界有意识的刺激行为的感知体验，将会长期保留在记忆中，并对其未来的个性、智力及体能产生相应的影响。

记忆能力从胎宝宝期就开始萌芽了。

目前，医学界多数人认为胎宝贝具有记忆、感觉能力，并且这些能力会随胎龄的增加而逐渐增强。

◇教胎宝贝学习

别以为教胎宝贝学习是无稽之谈，蒙氏和其他科学家们发现，孕妈妈可以通过视觉和感觉把外界信息传递给胎宝贝，这会使他们出生后具有超常的记忆力和才能。

❶ 使用彩色教学卡片

怀孕5个月时，就可以用自制或购买的彩色教学卡片教宝贝学习了，每天4～5个汉语拼音，韵母教完后可以继续教声母甚至汉字，也可以教宝贝数字、图形，甚至是计算。

❷ 诵读经典

其实，除了诵读脍炙人口的经典作品外，你可以诵读任何你喜欢的作品，如诗歌、散文、儿歌、故事等。但要注意诵读时情绪饱满热情，语调抑扬顿挫，诵读的时间无需过长，以不感到疲劳为好。

◇孕妈妈保持平静心情

研究证实，怀孕时期保持放松的心情，对胎宝贝记忆力的成长有很大帮助。如果常处于过度兴奋，或极度不安的状态，就会使自己的脑部产生负面的刺激，抑制胎宝贝的激素因子分泌，以至记忆力受到抑止。

孕妈妈要经常亲近大自然，放松自己的心情。多去绿树成荫或森林、田野、江边或河边去散步，呼吸新鲜的空气，聆听鸟儿悦耳地叫声。

◇发展胎宝宝的听觉记忆

以前认为，宝贝只能记得出生前一或两个月前发生的事情，但蒙氏和科学家们发现，1岁多的宝贝还能记得在孕妈妈子宫里听到的音乐。这项研究显示，宝贝出生前3个月，在孕妈妈子宫内听到的音乐，出生一年后还能记得清楚。

❶ 坚持给胎宝宝听音乐

宝贝喜欢感受愉快的音

乐，这会让他们记忆深刻。如果孕妈妈会弹奏乐器或自己唱歌，那也是非常好的选择；如果时间充裕，也可以自己去参加一个乐器学习班或社区合唱团，这对促进宝贝记忆力的发展都是很有好处的。

2 和胎宝宝复习聊天的内容

和胎宝贝聊天是有技巧的，每天不仅和胎宝贝聊一些新鲜的东西，也要和他一起“复习”以前说过的东西，比如家庭的成员啊、居住的环境啊、爸爸妈妈对他的爱啊等等。

3 给胎宝宝听玩具的声音

可以给胎宝贝听悦耳玩具发出的声音，这对未来哄宝贝是很有意义的。当宝贝出生后，哭闹难哄时，拿出这个玩具让他听听熟悉的声音，宝贝就会安静下来了。

本周胎教课堂

语言胎教课——故事《拔苗助长》

很久以前有个很勤劳的农夫，是个急性子的人。他每天早起睡晚，辛勤劳动，总嫌田里的禾苗长得太慢。他巴望能长得快些，今天去量量，明天又去量量。可是一天、两天、三天，他感觉禾苗好象一点都没有长高，心中十分着急。他翻来覆去地想，怎么能帮助禾苗长高呢？

一天早晨，他终于想出了帮助禾苗生长快的“好办法”了。于是，他赶快到田里，头顶着炎炎的烈日把禾苗一棵一棵地往上拔高。从早晨拔到中午，又从中午拔到太阳快要落山，把田里的禾苗全部拔了一遍。他累得腰酸背疼、精疲力竭，可他心里非常高兴，以为这办法非常高明。

农夫疲倦地回到家里，顾不得擦干身上的汗水就兴奋地告诉家人：“今天可把我累坏了！地里的这些禾苗不爱长，我帮助它们长高了好多啦！”说完，他得意地坐在那里，拿起一把破扇子扇了起来。

农夫的儿子听了不明白什么意思，马上跑到田里去看，发现田里地禾苗全都枯萎了，死了。

胎教活动课——趣味手影

手影是十分有趣的游戏，很受儿童喜爱。孕期玩是胎教，也是为日后早教备课。“像不像，三分样”，形似的手影游戏，不仅妙趣横生，更能启发儿童的联想思维。

知识链接：手影戏

手影戏起源古老，乃原始的影戏。手影戏在宋代就正式成为坊间众技之一。洪迈(1123—1202年)著《夷坚志》曾描写过宋代手影戏演出情况：“三尺生绡作戏台，全凭十指逞诙谐。有时明月灯窗下，一笑还从掌握来。”从中看出手影影窗较小，但“十指逞诙谐”已能表演简单故事了。

胎教奇葩——斯瑟蒂克胎教法(十四)

晚饭后的1小时至1个半小时，约瑟夫盘腿坐在斯瑟蒂克面前的地毯上和胎儿对话，由于讲话的对象是斯瑟蒂克和胎儿两个人，所以不能离得很远，最好是50厘米左右的距离。对话时，一下子发出很大的声音是不行的，这样会使胎儿受到惊吓，所以应以平静的、亲切的、柔和的语调开始，随着对话内容的展开再逐渐提高，尽量使胎儿对声音产生安全和信赖感。

刚开始时，与胎儿对话的关键不是传递知识，而是让胎儿熟悉父亲的声音，从而产生一种安全感。这是因为，胎儿一天24小时接触的都是母亲的声音，对低沉的男性声音很不熟悉。出生不久的婴儿常常会有这样的情况，即使不认识的女性逗他，他也会笑；而父亲逗他，他就会哭。这正是从其胎儿时代到出生后的一段时间里，不熟悉男性声音造成的。为了消除孩子对男性，包括对父亲所持有的不信任感，妊娠前期的父子对话是很重要的。

准爸爸胎教指南

为孕妈妈准备舒适的衣服、鞋子

孕妈妈越到怀孕后期，对衣服和鞋子的要求是要尽可能地舒服和容易穿脱，孕期十个月相对而言还是一个比较长的周期，尤其是到了后期，孕妈妈买衣服鞋子都会稍有不便，此时，准爸爸就要帮孕妈妈准备准备了。

舒适应该是选择孕妈妈的衣服最优先被考虑的因素。一般说来，宽松的服饰会舒适许多，如果只考虑在家里穿，准爸爸不妨买稍大号的孕妈妈装，这样不但在任何时期都会舒服一些，而且不必担心肚子渐大后穿不下。

另外，孕妈妈穿的鞋也要跟以前有些不同，不然很容易使得腿脚部的水肿加剧，因此一旦孕妈妈觉得脚部有不舒服的感觉，准爸爸就应该尽快准备一双稍大的、舒服的、跟不超过2厘米的鞋子。

陪孕妈妈去采购孕妈妈装是准爸爸的任务之一。最好是怀孕四五个月的时候去采购，这时肚子已经明显隆起，以前的衣服穿不下了；而孕妈妈本人也正好处于身心稳定期，是最适合出门逛街的时期。

为爱妻穿衣、系鞋带

有些孕妇装，特别是孕妇裙都是在背后有个拉链，行动越来越“笨”的孕妈妈想要自己拉好拉链还是挺吃力的，系鞋带也同样有难度。有眼力的准爸爸这时如能主动上前帮妻子的忙，一定会让她心情大靓。关键是要主动，别总是等着妻子要求你做这做那，这样才能让妻子时刻感觉到你对她的爱。

第28周

给宝宝光刺激

第28周记：现在，我感觉胎宝宝活动比较频繁，他一定是个淘气的小家伙，我总感觉到他在我的肚子里翻跟头，我那么清晰地感觉到他在动，使我的肚子此起彼伏。

本周宝宝与胎教要点

胎宝宝会做梦了

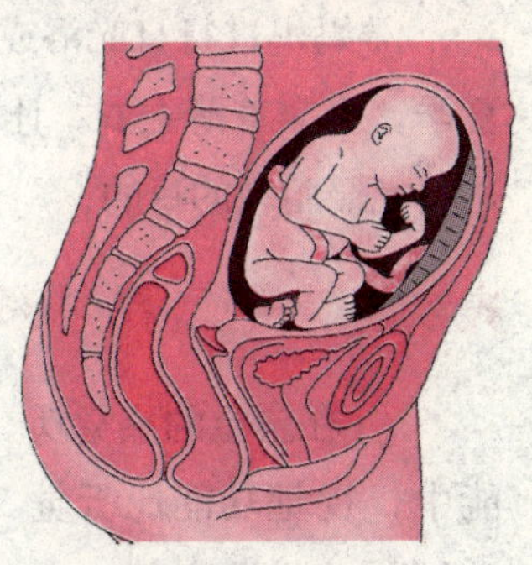

本周胎宝宝体重达到1000克左右，几乎占满了整个子宫。脑神经细胞树突的分支活跃度增加，大脑皮层出现特有的沟回，并形成了自己的睡眠周期，而且还会做梦！

本周胎教要点

· 光照胎教，促进视觉发育。现在的胎宝宝已经有光感了，此时对胎宝宝进行光照训练，不仅可以促进视觉功能的健康发育及胎宝宝对光线的灵敏反应，而且有益于出生后动作行为的成熟。

· 营养胎教，减轻下肢浮肿。很多孕妈妈此时会发现，自己脚面或小腿的浮肿状况因站立、蹲坐过久或腰带过紧而加重了。这属于怀孕后期的正常现象。在运动的基础上，通过饮食能够改善。孕妈妈可以多吃一些鲤鱼、鲫鱼、黑豆等有利水作用的食品，以利于体内水分排出，缓解水肿症状。

胎教理论

光照胎教

所谓的光照胎教就是指给尚在腹中的胎宝宝以适当的光亮刺激，以促进胎宝宝视网膜光感细胞的功能尽早完善。

光照胎教的作用

专家研究发现，从妊娠7个月起，胎宝宝对光亮就有所觉察，有的会躲闪，有的会做眨眼动作，这表明胎宝宝对光照有反应。用B超监测，当用手电光一闪一灭地照射孕妈妈腹部时，胎宝宝心率会出现剧烈变化。这些事实都说明，光线照射孕妈妈腹部会引起胎宝宝的各种反应。光照胎教能促进宝宝视觉功能的建立和发育，光能够通过视神经刺激大脑视觉中枢。光照胎教成功的宝宝出生后视觉敏锐、协调，注意力、记忆力也比较好。所以，在胎教中不可忽视光照胎教这种方式。

孕妈妈进行日光浴或者到室外活动也是光照胎教的一种方式。如果是夏季，可穿着薄上衣，让腹部直接接受阳光，胎宝宝也会受到光的刺激，达到光照胎教的目的。

光照胎教的注意事项

① 在宝宝的感觉功能中，视觉功能比听觉和触觉功能发育晚，在孕妈妈怀孕7个月时，宝宝的视网膜才具有感光功能，对光才有反应。光照胎教可以在孕妈妈怀孕6个月以后开始。

② 光照胎教的具体时间要配合宝宝的作息

时间进行。不要在宝宝睡觉时进行，以免打乱宝宝的生物钟。要在胎动明显时，即宝宝醒着的时候做光照胎教。孕妈妈经过这么长时间和宝宝的相处，也应基本掌握了宝宝的作息规律。当然也有作息不太规律的宝宝，这就需要孕妈妈细心体察宝宝的情况了。

本周胎教课堂

光照胎教课——对胎宝宝进行光敏感训练

给胎宝宝开始光照胎教，可以按以下步骤进行。

工具：手电筒

方法：孕妈妈每天定时用手电筒微光紧贴腹壁，反复关闭、开启手电筒，一闪一灭照射胎宝宝的头部位置，一般在宫底下两三横指处。每次一开一灭三个来回即可。不要用强光照射，手电筒不要放在肚脐上，时间也不宜过长，每次以不超过5分钟为宜。

音乐胎教课——欣赏名曲《月光》

《月光》又名《明月之光》，是德彪西早期代表作《贝加马斯卡组曲》中的第3曲，作于1890年。《贝加马斯卡》为意大利北部贝加摩地区流行的曲调。

德彪西曾于留学罗马期间，游历了风光秀丽的贝加摩地区，《贝加马斯卡组曲》就是根据这一印象所作。由于这首乐曲的旋律清新并富于浪漫情调，较通俗易懂，因而流传较广，成为脍炙人口的标题钢琴小品。

在这首钢琴曲里，作者采用了色调柔和而明净的和声与钢琴体，着意描绘了月夜幽静景色，给人以心旷神怡的感受，它尤其适合孕妈妈心情烦躁时听，以起镇静和催眠作用。

准爸爸胎教指南

协助孕妈妈做好孕期自我监护

准爸爸是辅助孕妈妈进行自我监护的最佳帮手。家庭自我监护的内容包括：

数胎动：利用胎动次数可以监护胎儿安危。胎动的计数一般应在32周开始，每天早、中、晚3次固定时间数1小时，3次总数乘以4就是12小时的胎动数，正常胎动次数每天约30～40次，存在个体差异。

听胎心音：观察胎心率变化是最简单实用的自我监护方法。准爸爸应每天听胎心音1～2次，每次1～2分钟。正常胎心在120～160次/分钟，范围之外表示胎心异常。

测宫底高度：宫底高度可以了解胎儿在子宫内生长的情况。一般怀孕6个月达到脐平，怀孕9个月时在剑突下三横指，8个月时在脐和剑突连线的中点上。宫底高度可以每周测量一次。

如果准爸爸和孕妈妈能掌握足够的自我监护知识，就可以做到临阵不乱，还能及时发现妊娠并发症，预防早产，减少难产的发生率，从而保障母子的健康和安全。

第29周

提升宝宝智力

第29周记：我就像个长途旅行者，千辛万苦已经走完了一大半路程。眼看就要到达终点了，不过，可不敢掉以轻心，要提防胎宝宝“提前报到”。

本周宝宝与胎教要点

大脑发育迅速

此时，大脑的发育程度令人惊喜。颅骨非常柔软，以适应发育迅速的大脑需要。在大脑的表面，出现了越来越多的不规则皱褶和沟痕，即大脑的沟回，它们是神经细胞建立联系的结果。现在，大脑功能相当完善，能够控制呼吸和体温。

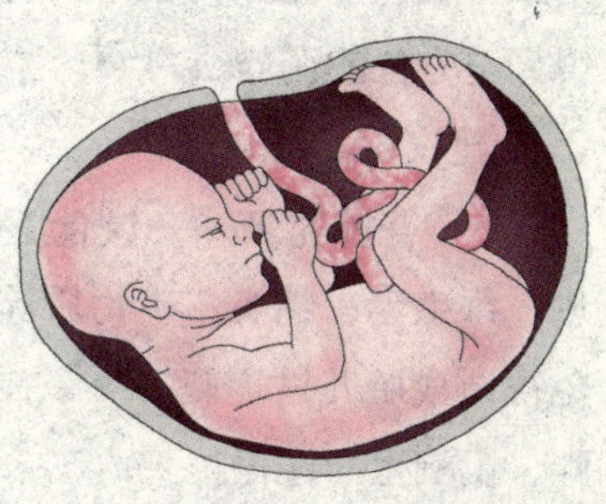

本周胎教要点

·语言胎教，进行拼音训练。孕妈妈可以找出自己的小学课本，或者买一本小学语文课本，按照课本上的要求进行拼音讲解。或者多买一些单独的拼音练习卡片，闲下来时多进行一些拼音训练。到宝宝呀呀学语的时候，今天给予胎宝宝的拼音训练在今后一定会起到让你惊奇的效果。

·情绪胎教，保持愉快的心情。孕妈妈保持愉快的心情，可以促进胎宝宝的身体和智力朝着更加健康的方向发展。孕妈妈此时可以看一些经典动画片，比如《猫和老鼠》、《聪明的一休》、《樱桃小丸子》等，这些小时候就很喜欢的动画片，现在依然是你调节情绪的好选择。

胎教理论

胎教提升宝宝智力

据国外神经学专家研究，胎儿从第5周之后形成神经细胞，因此父母亲希望宝宝有什么样的智力，希望能够在有利的条件下增进遗传中大脑潜力的发展，这在一定程度上是可以预先设计的，其方法很简单，那就是胎教。

一般说来，父母身体健康、心情愉快而且营养充足并且有充分的智力刺激环境，所生出的婴儿身体较健康，智力较高。

生理方面

要想生育一个健康聪明的宝宝，母亲的身体素质是优生的前提条件，所以孕妇应尽量保持良好的健康状况，有病即早治疗，并使自己身体都能得到全方位的调养。

建议：

1 营养充足——饮食上既重质量，又适量，所有养分，尤其是蛋白质、维生素、糖类、矿物质等都要充足，但在量的方面，不要过度进补，免得造成胎儿过度肥胖，影响生产过程。

2 衣物干净卫生舒适——不要为了怕身材难看而束腰束腹，如此会影响胎儿的正常发展，鞋子也要以舒适为主，不要穿高跟鞋，以免跌倒造成危险。

3 休息与睡眠要充足，不要过度劳累。

4 适当的运动——夫妇通过体育锻炼保持身体健康，能为下一代提供较好的遗传素质，例如散步、慢跑、登山、郊游，这些轻微的活动有助于顺利生产，但切记做太强烈的运动或繁重的体力劳动。

5 保持身体清洁，避免染上疾病。

6 定期产前检查——不但可以帮助孕妇了解自己目前的身体状况，早期发现疾病，早期治疗，也能给孕妇提供一个良好的生存环境。

心理方面

孕妇在怀孕期间如果能保持愉快稳定的心情，所生的孩子也能较好地适应外界环境，情绪也会较稳定。

建议：

1 接受孩子的来临——不要因为他不是在父母亲期待中降临而拒绝孩子，自己必须先从心理上接受这个现实，这才能有利于胎儿的成长。

2 接受孩子的性别——不要苛求孩子的性别及容貌，如果重男轻女，希望孩子出生时具备父母亲相貌上所有的优点，这种期望太大，会给孕妇造成不必要的心理压力，使她无法保持平静的心态。

3 夫妻关系和谐——首先丈夫要给予妻子足够的关心，帮助妻子尽快适应怀孕所带来的不便与不安，使之保持平和的心情；其次妻子出现失常的心理状态时，准爸爸要善于引导，帮助其恢复到正常的心境；第三，夫妻双方在解决某些问题时要能够大度地“容忍”对方，以免发生激烈的争吵；第四就是双方共同安排有规律的生活秩序，以消除某种容易导致心理失调的状况；第五则是不要看刺激性强烈的杂志、刊物、报纸、电影，以免孕妇出现心理过于激动的现象。

智力刺激

胎儿在母亲子宫里，与母亲血脉相通，母亲通过一些刺激手段，完全可以促进孩子各种潜力的发展。

建议：

1 孕妇听音乐——每天听一些欢快、优美动听的音乐或活泼有趣的儿歌、童谣，并随着轻轻吟唱，这能够为胎儿提供丰富的精神刺激和锻炼，也为培养智力打下了基础。

❷ 给宝宝听音乐——怀孕中期，将一些优美的乐曲通过母亲的腹部源源不断地灌输给胎儿，培养胎儿的听力，也刺激大脑神经细胞的形成。

❸ 每天固定时间阅读优美的散文、诗歌。

❹ 经常欣赏名画、美好的事物与大自然中美丽的山水花草鸟鱼等。

❺ 每天和宝宝说话，如早晚同胎儿打招呼，对胎儿讲讲话，把胎儿当作一个能听、能看、能理解父母的、有生命、有思想、有感情的谈话对象。通过父母亲充满爱意的呼唤与谈话，给予胎儿良性的刺激，这能够丰富胎儿的精神世界，开发他的智力。

本周胎教课堂

营养胎教方案——孕8月饮食原则

孕8月，母体代谢增至最高峰，胎儿生长速度也达到最高峰，体重迅速增大，对营养需求量较大，应继续保证热量供给和全面营养。孕8月的饮食原则如下：

❶ 增加摄入优质蛋白质；

❷ 限制食盐和水分的摄入；

❸ 多吃预防感染和增强抵抗力的食物，严防流行性感冒；

❹ 多吃海带、紫菜、坚果等食品。

运动胎教课——孕妈妈减压操

孕中期的孕妈妈随着腹部和胸部的变大，会经常出现酸痛的感觉，特别是颈部和背部。然而一些轻柔的伸展运动则能够缓解这种不适，促进血液循环。

锻炼前胸和肩部肌肉

坐在椅子上，双脚平放在地面上，两肩向后放平，将两手交叉放到头部后面，手肘弯曲手掌向前，挺胸。这个动作可以伸展脊椎和腹部的肌肉。保持30秒。

锻炼后背和颈部肌肉

背部和臀部靠墙站立，膝盖弯曲，两腿张开稍比臀部宽，上身向前稍倾，将两手放在大腿上，头抬起，保持30秒。然后站直，头部和肩部靠墙，左手用力轻轻将头部转向左边，右手将头部转向右边，每一侧保持30秒。

锻炼臀部、大腿和小腿肌肉

站立离椅背大约一臂远的距离，用手抓住椅背。左脚在前右脚在后，成弓步姿势，脚趾向前，弯曲左膝，右膝保持伸直。向前缩紧臀部，直到感觉臀部、大腿和小腿后侧肌肉出现舒服的拉伸感为宜。保持这个姿势30秒，然后换方向练习。

胎教奇葩——斯瑟蒂克胎教法(十五)

为了沟通母子间的心灵，使母子尽情地在美好的世界里畅游，是很需要一个安静和令人舒畅的环境的。

斯瑟蒂克把家中为孩子准备的房间收拾布置起来，以作为斯瑟蒂克向腹中胎儿进行胎教的场所。一般孩子的房间通常从窗帘、墙壁到桌子、地板都采用鲜艳、活泼、热闹的装饰，而斯瑟蒂克则认为，理想的孩子房间应是朴素和平静的浅色调，可能的话，最好是自然色，因为这样做能使人的注意力不至于分散，有利于胎教的顺利进行。

准爸爸胎教指南

胎儿爱听准爸爸的声音

胎儿不仅喜欢孕妈妈的声音，对准爸爸低沉宽厚的声音更是情有独钟。

在胎儿期间，胎儿就产生了最初的意识。准爸爸孕妈妈多和宝宝朗读一些优美的诗歌，或者是多跟宝宝聊聊天都会对宝宝的智力有促进作用。

准爸爸可以面对孕妈妈的腹部和胎儿进行“对话”，比如，先用亲切的语调呼唤孩子的名字，夸宝宝一下，如“晓晓真听话！”等，以此逐步刺激宝宝的听觉，经常这样抚慰可以增进一家三口的亲情。

准爸爸还可以在陪伴孕妈妈散步时，把所看见的景色悉心描述给宝宝听，让宝宝领略一下大自然的美好，就寝以前，准爸爸可以一边爱抚孕妈妈的腹部，一边跟宝宝道晚安等，话题可以随心所欲。

准爸爸孕妈妈与宝宝对话可以随时进行，但每次时间不宜过长，一般3～5分钟最好。

跟胎儿对话的内容不限，可以问候，可以聊天，可以讲故事，朗诵诗词，唱歌等，但应以简单、轻松、明快为原则。

第30周

用音乐开发右脑

第30周记：胎宝宝性格的形成离不开生活环境的影响，而我的子宫则是胎宝宝的第一个环境，在这个环境里的感受将直接影响到胎宝宝出生后性格的形成和发展。所以我会努力给宝宝营造一个安全、舒适、温馨的环境的！

本周宝宝与胎教要点

胎宝宝大脑迅速发育

此时胎宝宝头部继续增大，大脑发育非常迅速，大脑和神经系统已发育到了一定程度。胎宝宝的骨骼、肌肉和肺部发育日益成熟。

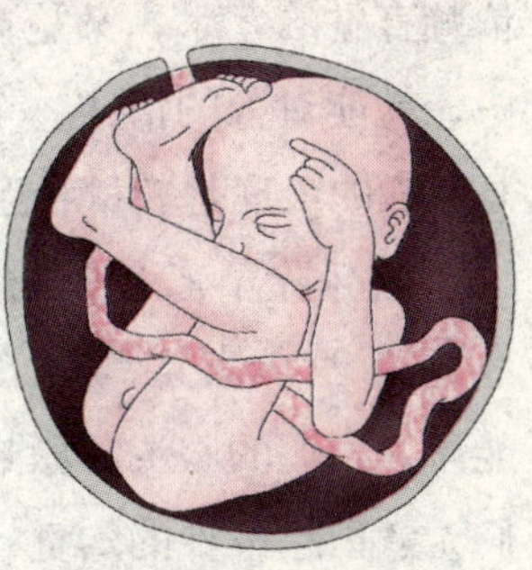

本周胎教要点

· 语言胎教，熟悉爸爸妈妈的声音。孕妈妈准爸爸要多和胎宝宝聊天或者多讲些小故事，让胎宝宝更熟悉你们的声音，使胎宝宝获得更多的安全感。一首浅显的古诗、一个温馨的小童话、一支明朗欢快的童谣都可以是很好的语言胎教素材，重要的是，孕妈妈准爸爸要经常和胎宝宝交流。

· 情绪胎教，自创好心情。孕妈妈的自我心理暗示也是帮助孕妈妈调节心情的好办法。孕妈妈可以经常暗示自己："现在我的身体所承受的沉重和不适，都是为了宝宝能够健康地成长，只要宝宝很健康，我就会很开心。"这样想了，心情也会慢慢好起来。

胎教理论

音乐有利于开发胎宝宝的右脑

国外专家经研究发现，人的左半边大脑负责逻辑思维，分管语言能力和分析、判断能力；右半边大脑负责形象思维，分管感情和直觉能力。一般右半边大脑发达的人创造力较强，如画家米开朗琪罗、达·芬奇、发明家爱迪生等一些伟大的艺术家、发明家都有右脑比左脑发达的现象。

音乐训练有助于开发促进人的右脑、增强人的创造力，所以对胎儿进行音乐胎教是一种直接培养孩子音乐素养、兴趣的好方法，也是培养孩子创造力的最好开端。因为这时孩子的大脑可以说还是一张白纸，一片净土，你画什么就出什么图，种什么就长什么。

美妙的音乐能唤起孕妇美好的情感和艺术想象力，同时能使她气血畅通、细胞活动显得活跃、心情愉快，这对孕妇的生理、心理都有极大的好处，胎儿同时也会产生共鸣，感到身心愉悦，从中受益。由于音乐是一种依赖直觉的艺术，又是对生理、心理有双重作用的艺术，它在潜移默化之中，就能对人的情绪、个性、品性、智力和身体的健康起塑造作用，所以是胎教的最理想教材和途径。

音乐除了艺术上的价值之外，还有各种生理的、心理的效应。

心理学家认为，音乐能渗入人们的心灵，激起人们无意识超境界的幻觉，并能唤起平时被抑制了的记忆。胎教音乐能使孕妇心旷神怡，浮想联翩，从而改善不良情绪，产生良好的心境，并将这种信息传递给腹中的胎儿，使其深受感染。同时，优美动听的胎教音乐能够给躁动于腹中的胎儿留

下深刻的印象，使他朦胧地意识到，世界是多么和谐，多么美好。

在生理作用方面，胎教音乐通过悦耳怡人的音响效果对孕妇和胎儿听觉神经器官的刺激引起大脑细胞的兴奋，改变下丘脑递质的释放，促使母体分泌出一些有益于健康的激素如酶、乙酰胆碱等，使身体保持极佳状态，促进腹中的胎儿健康成长。

胎教新工具BabyPlus

近年来，胎教越来越受到重视。国外发明出一种叫“BabyPlus”的胎教工具，经过18年的科学研究证明，这一工具确实有效，全世界6万名儿童从中受益。

这种胎教工具使用简单，每天孕妇只要佩带两小时，即早晨1小时，晚上1小时，就能收到良好的胎教效果。

“BabyPlus”由16种经科学设计的不同节奏的声音组成，这些音节模仿孕妇的心跳声并随着孕期的增加，节拍逐渐加快，胎儿可非常清晰地听到这些有节奏感的声音，同时，将听到的来自“BabyPlus”的声音与来自妈妈声音加以区别。

尽管由“BabyPlus”发出的声音对成年人来说是单调乏味的，但它的节拍随着孕期不同而有微妙的变化，却对胎儿的大脑发育非常有利。

最初“BabyPlus”的搏动频率为每秒1次(1赫兹)。这与孕妇的心跳频率和新生儿的脑波频率(1～2赫兹)非常接近。这种搏动的声音传递到胎儿耳中，使胎儿听起来非常象孕妇体内动脉血液流经子宫的声音。

随着“BabyPlus”模拟声音节拍速度的加快(每周进行一次频率调整)胎儿会将这种声音与他所听到的周围背景“噪音”(孕妇的呼吸心跳、胎盘血流、静脉血流声等)进行比较对照，从而辨认出节拍的变化。

模拟音节拍的加速，促使胎儿不得不提高大脑抓取和处理这些声音信号的速度，以便将其与其它背景“噪音”进行比较。这就自然激励了胎儿脑神经网络和大脑记忆库的发育。

使用“BabyPlus”进行胎教的益处，还有如下表现形式：

1. 婴儿生下来后眼睛和手都是张开的，精神放松，很少哭泣；
2. 婴儿睡眠好；
3. 能够及早辨别出父母的声音；
4. 注意力能较长时间集中。

本周胎教课堂

语言胎教课——故事《神农氏尝百草》

大约在距今4500多年以前，在我国黄河上游的陕西岐山一带，居住着一支具有先进农业生产技术的氏族部落，它的首领是炎帝。相传，他仔细观察了各种植物的生长规律，并掌握了五谷的播种方法。在他的带领下，人们不断地总结植物的种植经验，改进生产工具，粮食连年丰收。

就这样，经过了很长一段时间的试验，人们终于掌握了各种谷物的播种经验，谷物越长越好，农作物的收获也越来越多，人们不再靠采集野果充饥了，逐渐过上了好日子。他还细心观察到各种性质不同的土壤，以便在湿干、肥瘠、高低不同的土地上种植不同的作物，从而更加合理地利用土地。同时，为了区分各种植物的性质和对五谷的影响，炎帝特地来到天上，从天神那里取来红色的神鞭鞭打百草，因为神鞭可以让百草的属性完全显露出来，这样，就可以在其周围种上合适的谷物。后来，人们为了表示对炎帝的感谢和敬佩，就尊称他为“神农”。从此，“神农”这个名号就传了下来。

人吃五谷杂粮，有时难免要生病，疾病给人们带来了痛苦，炎帝心里非常难过。怎样才能治愈那些可怕的疾病呢？有一天，炎帝猛然想到，他在用神鞭鞭草的时候曾发现百草是可以做药的，只是无人能知各种草药的性能，具体能治什么病。炎帝想，要是能够掌握各种草药的药性，不就可

以利用它们治愈人们的疾病了吗？

于是，炎帝神农决定亲自实践，品尝百草。他每天坚持品尝各种各样的草木，然后记下各种草药的药性、气味与种类，适合治疗哪些疾病。为了尽快掌握各种药性，他每天都不停息地工作，几乎每天要尝成百上千种草药。有些是有剧毒的，神农也毫不在意，他就接着再尝、再吃。就这样，神农一次次地冒险，一次次地品尝，终于掌握了大部分草药的性能，并加以实践、使用，治好了无数人的疾病，拯救了许多面临死亡的人们。据说炎帝神农最多一天共中毒七十次。

音乐胎教课——欣赏钢琴曲《梦幻曲》

看过香港电影《春田花花幼儿园》的孕妈妈可能会对舒曼的这首《梦幻曲》有较深的印象，这首曲子曾被用作这部电影的主题曲，是一首世界名曲，经常被改编成各种乐器的独奏曲。

《梦幻曲》是舒曼于1838年创作的一首钢琴曲，作为其《童年情景》中的一部分，描写了儿童的快乐生活，表现了成年人对童年时光的回忆。

听这首曲子，特别适合把音量调到若隐若现的状态，如泣如诉的优美旋律下，你和胎宝宝会感受到清新与自然，你在给胎宝宝朗诵诗歌或者是讲故事的时候，也可以用这首曲子来配乐，意境将再美不过了。

准爸爸胎教指南

享受和妻子在一起的乐趣

孕期准爸爸可以帮孕妈妈做她做不了的事情：搬重物，组装家具，爬到高处放东西等等，当然，也可以和她一起完成她能做的事情。比如，你们可以一起去挑选最合适的摇篮，在宝宝房间贴上最可爱的墙纸，一起讨论哪种奶瓶最实用。还有，不要错过共同享受互相陪伴的乐趣，和互相依偎的安静时光，要知道这样的宁静很快就将一去不复返了，是人生中难得的回忆。

和孕妈妈一起布置婴儿房

在布置婴儿房时，应注意以下家居要点：

1 居室环境

婴儿居室应选择向阳、通风、清洁、安静的房间。新生儿体温调节中枢尚未发育成熟，体温变化易受外界环境的影响，故选择能使新生儿保持正常体温，又耗氧代谢最低的环境很重要。婴儿居室的室温在18℃～22℃之间。

2 室内湿度要适宜

婴儿居室的湿度在50%～60%左右为佳。过于干燥的空气使婴儿呼吸道黏膜变干，抵抗力低下，也可发生上呼吸道感染，故需注意保持室内的湿度。可以使用空气加湿器，也可在冬季时往暖气片上放些干净的湿布。夏季时地面上洒些清水。

3 居室的装修布置

婴儿居室的装修、装饰要简洁、明快，可吊挂一个鲜艳的大彩球及一幅大挂图，以刺激婴儿的视觉，为以后的认物打基础，但勿将居室搞得杂乱无章，使婴儿的眼睛产生疲劳。不能让婴儿住在刚粉刷或刚油漆过的房间里，以免中毒。

第31周

胎教源于生活

第31周记：此时我的腹壁和子宫壁会变得很薄，宝宝很容易就能听到外界的声音，不光如此，他还可以区别声音的差异，对声音的强弱和变化都能做出不同的反应。这时的胎宝宝已经是一个能听、能看、能理解父母的有生命、有思想、有感情的人了。

本周宝宝与胎教要点

胎宝宝不太爱动了

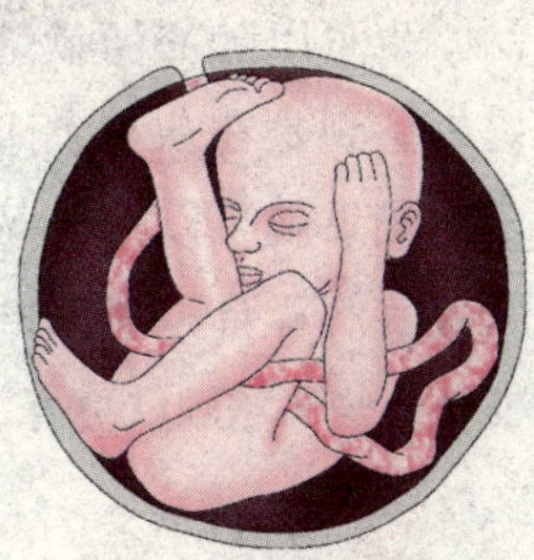

现在胎宝宝的肺部和消化系统已接近成熟，体重增加迅速。但随着胎宝宝增大，他在子宫内的活动空间将越来越小了，胎动也会有所减少。

本周胎教要点

· 运动胎教，促进乳腺分泌。这一时期，孕妈妈可能会更明显地发现自己的乳房有少量的乳汁出现，当然也有些孕妈妈不会出现这种情况，但不管你是否在分泌乳液，乳房都在为哺乳做准备，所以此时进行相应的运动，有助于将来更顺利地哺乳。

· 语言胎教，胎宝宝喜欢有韵律的声音。孕后期的胎宝宝更喜欢有韵律的声音刺激。这时候，孕妈妈可以随时给宝宝朗读一些节奏抑扬顿挫的文学作品，在宝宝还未出生前就打下良好的语言基础。

胎教理论

绘画、剪纸与胎教

1 绘画

绘画是一种艺术胎教。由于胎儿生长在子宫这个特殊的环境里，胎教就必须通过母体来施行，并通过神经来传递到胎儿未成熟的大脑中，对其发育成熟起到良性的刺激，而且一些刺激可以长久地保存在大脑的某个功能区，一旦遇到合适的机会，惊人的才能就会发挥出来。因此，除了听音乐外，孕妈妈还应当多接触美丽的图画，还可以抽出时间学习绘画。

心理学家认为，画画不仅能提高人的审美能力，产生美的感受，还能通过笔画和线条释放内心情感，调节心绪平衡。画画具有和音乐治疗一样的效果，即使不会画画，你在涂涂抹抹之中也会自得其乐。

画画的时候，不要在意自己是否画得好，孕妈妈可以持笔临摹美术作品，也可以随心所欲地涂抹，只要孕妈妈感到是在从事艺术创作，感到快乐和满足就可以了。孕妈妈还可以向胎宝宝解释自己所画的内容。当然能临摹一些儿童画就更好了。

2 剪纸

剪纸也是一种艺术胎教。孕妈妈可以先勾轮廓，而后再剪，剪个胖娃娃、“双喜临门”、“喜雀登梅”、“小放牛娃”，或孩子的属相，如猪、狗、猴、兔等，别怕麻烦，别说没时间，别说不会剪，因为问题不在于你剪得好坏，而在于你在进行艺术胎教，你在向胎儿传递深深的“爱”，传递“美”的信息。曾有专家对多名孕妈妈的行为研究发现，那些勤于动手动脑的孕妈妈生出的宝宝智商很高，而过于慵懒的孕妈妈生出的宝宝反应缓慢的比例要高于勤劳的孕妈妈。

十字绣胎教

◇锻炼手指可以使脑部变得发达

我们都知道锻炼自己的手指可以使脑部变得发达。在进行手工作业时，手指上的神经会对脑部产生一定的刺激作用，所以一直以来，我们都非常注重让儿童参加动手的活动。

需要进行手工作业的活动有折纸、陶艺、缝纫和编织等，其中因技法简单、费用低廉而广受大众欢迎的则当属十字绣了。做十字绣可以使孕妇的心情很快得以平静，对提高其集中注意力的能力也有一定的作用。

◇孕妇的色彩感也可以得到提升

在一幅十字绣作品里往往要用到数十种颜色的丝线，所以在一针一线的编织过程中，孕妇的色彩感与调和颜色的能力也不知不觉得到了提高。孕妇若能在怀孕时多接触一些美丽的颜色和形状，生出的孩子也将拥有较高的审美能力。

◇不要让自己太疲劳

刺绣使人眼光和神经都集中在了针尖那一点上，所以很容易产生疲倦的感觉；另一方面，孕妇也不适合长久保持刺绣的姿势。因此，孕妇最好把每次刺绣的时间控制在1个小时之内。

孕妇还可以在刺绣的同时与胎儿聊天。可以说一说正在为其制作的东西，比如枕头、围兜和儿童被等，也可以说对各种颜色的喜好，最好能在刺绣的同时达到胎教的效果。

本周胎教课堂

情绪胎教方案——向家人或朋友倾诉

孕期可把倾诉作为一项胎教课程。只要觉得心情不畅，就去找找家人或者好朋友作一番交谈和倾诉，你必定会得到舒解，从而调节好心情。

对于孕妈妈来说，其精神状态和情绪不好，会影响胎儿的健康发育，因此，孕妈妈应学会通过各种途径来改善精神状态、排除不良情绪。

孕妈妈可以通过诉说的方式，来排解内心焦虑与急躁的情绪，诉说也是一种很好的宣泄渠道，是调节心理情绪的一种好方法。

当然，孕妈妈倾诉心中的担忧、顾虑，进行心理调整，则需要家人耐心地“洗耳恭听”，来配合默契地作好心理因素调整。

一旦孕妈妈把心里憋着的话全都倾诉出来，精神状态就有所放松，至少，能改善失眠或晚上睡不踏实的情况。与其让自己的心里憋着、闷着，把自己弄得成天心神不宁、坐卧不安、吃不下、睡不着，不如找到父母、家人或者闺密好友，全部倾诉出来。一旦说出来，就会发现自己的思想负担减轻了，情绪也改善了。困扰自己睡不好觉的心理暗结，会通过倾诉而淡化掉，生理上的不适感也不至于那么难以忍受了。

此外，孕期主动改善心情、排解不良情绪，会拥有较高的睡眠质量，是确保母子健康平安的良方。

胎教活动课——剪纸四例

勤于动手动脑的孕妈妈生出的宝宝智商很高，而过于慵懒的孕妈妈生出的宝宝反应缓慢的比例要高于勤劳的孕妈妈。剪纸是一项很好的胎教活动，下面提供几则以供尝试。孕妈妈们可挑选这类书看看。

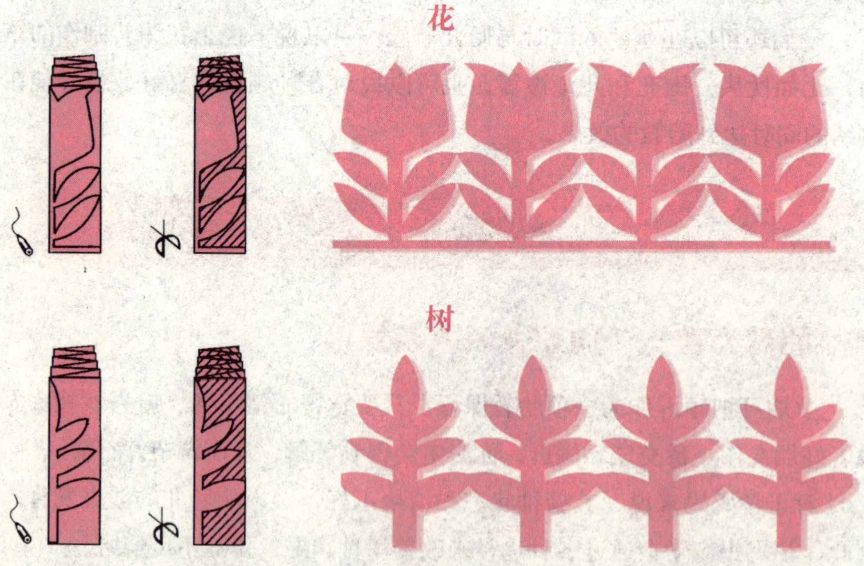

胎教奇葩——斯瑟蒂克胎教法(十六)

周六和周日全天，周一至周五每天下午，斯瑟蒂克主要是为胎儿传授自然科学知识而外出散步。有时他们夫妇一起去植物园或动物园，有时带上饭盒去野营，有时去湖边看野鸭和天鹅，有时在沙滩上享受日光浴，这对斯瑟蒂克来说是十分愉快的时光。

散步不仅有利于孕妇的身体健康，也可以为进行胎教的母亲提供了解社会的场所，散步中能教的内容也是多种多样的。例如，人们生活的情况、居住的环境、不同季节里自然界的变化、动植物的生态情况，等等。只要身体和气候条件许可，斯瑟蒂克尽量外出，创造接触各种事物的机会，为扩大学习范围，斯瑟蒂克每次都稍微改变一下散步的路线。这样眼前出现的事物也不会一成不变，从接触的人物、装饰、橱窗的商品、花的颜色、变幻的天空等事物中，斯瑟蒂克总能发现一些新鲜和感兴趣的东西。

还有，这一个个事物不同于幻想或书本内容，它们均是能用五官来感受的生动的教材。

准爸爸胎教指南

陪孕妈妈参加社交活动

怀孕期间，孕妈妈情绪会比孕前差，和朋友见面、聊天是个不错的排解方式。所以孕妈妈应适当参加社交活动。

但是，到了怀孕后期，孕妈妈出门往往不太方便，活动量会减少。除了必须要做的事，比如上下班，孕妈妈的其他外出活动应能少则少。可是这样每天局限在家里，面对的只是准爸爸及家人，缺少了以前的社交活动，孕妈妈难免会觉得生活乏味，情绪低落。

准爸爸这时候应该承担起“司机”和“护花使者”的责任，陪孕妈妈去参加社交活动，让孕妈妈的这种状况得以改变。在有朋友聚会的时候，准爸爸应事先打听好聚会环境是否适合孕妈妈，如果适合就积极陪同孕妈妈去参加。周末有空，还可以带孕妈妈去看看朋友，尤其是去有孩子的朋友家做客，让孕妈妈和自己都能实地感受一下家有“小天使”的氛围。

准爸爸还不妨在自己家举行一些小派对，这样孕妈妈就可以在家里参加社交活动了。

第32周

切忌营养过剩

第32周记：从孕8个月开始，我能感觉到胎宝宝的身体长得特别快，大夫说胎宝宝的体重主要是在这个时期增加的。

虽然现在我的胃口很好，但是我不能吃得太多，不然就会使营养过剩，使胎宝宝长得太大，出生时造成难产。为了宝宝和我的安全，我一定要合理地安排每天的饮食。

本周宝宝与胎教要点

胎宝宝更像个小婴儿

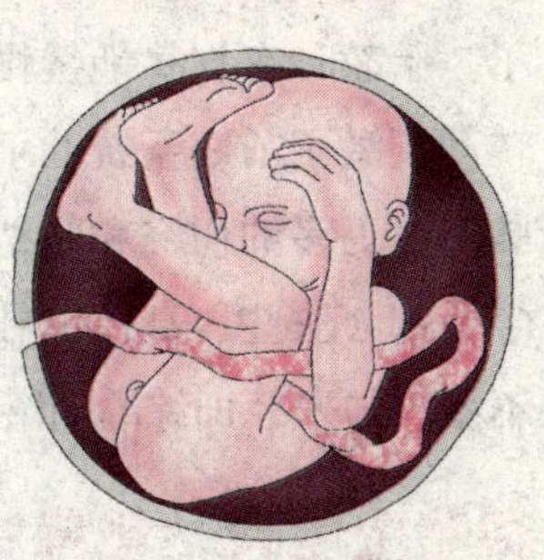

胎宝宝的身体和四肢继续长大，体重已经为1800克左右了，身长40厘米左右，看上去更像一个婴儿。胎宝宝的各个器官继续发育、逐步完善，具备呼吸能力，肺和肠胃功能接近成熟。皮下脂肪开始堆积。

本周胎教要点

· 美学胎教，感受美，感受幸福。加强美学胎教，可以培养宝宝热情乐观地去审视生活中的美，苏杭的刺绣，尤其是苏州精美的双面绣，还有南京的云锦、河北的皮影、宜兴的紫砂壶等都可以帮助宝宝在出生后拥有一双善于发现美的眼睛和一颗敏锐捕捉美和幸福的心。

·意念胎教，宝宝会像谁呢。大多数准爸爸孕妈妈心里都比较急切地想知道：我家宝宝长得像爸爸还是像妈妈呢？这时你不妨闭上眼睛，在心里默默冥想，想象胎宝宝可爱的模样。

胎教理论

帮助胎宝宝寻找平衡的感觉

孕妈妈应定期给胎儿进行宫内训练，抚摸胎儿，轻轻推着胎儿转动。人为地使胎儿在宫内移动，有利于胎儿寻找平衡的感觉，能很好地促进胎儿脑部的发育，使胎儿更聪明，长大以后对旋转的适应能力更强。这是因为人的前庭系统位于脑干中央，并与内耳紧密相连。胎儿期最早发育的脑神经系统就是听觉系统，而前庭系统早在母体妊娠第16周就开始活动了。胎教时有规律地缓慢转动胎儿，使其耳朵半规管里的液体保持流动。转动刺激了前庭系统的平衡与协调功能，同时也刺激了大脑的发育，使大脑产生更多的树突和联结。经过这种刺激胎教训练的胎儿，出生后学站、学走都会快些，身体健壮、手脚灵敏。这些宝宝在出生时大多灵敏，啼哭不多。与未经训练的同龄婴儿比，显得活泼可爱。

和胎宝宝玩“藏猫猫”

准爸爸可以和胎宝宝进行有趣的游戏胎教训练，这种通过动作刺激来达到胎教目的的方式是值得采用的。为了提高趣味性，准父母可以从简单的抚摸与拍打提升为有内容的游戏，比如藏猫猫游戏，让准爸爸轻轻拍打胎宝宝，然后对胎宝宝说：“爸爸要藏起来了，小宝宝找找看。”然后把脸贴在另一边的腹壁上，让宝宝寻找。

如果胎宝宝正好踢到爸爸的脸颊，一定要对宝宝给予表扬，如果宝宝没有找到，也要耐心轻抚宝宝，鼓励他继续。相信通过这样的游戏，胎宝宝肯定会对爸爸妈妈记忆深刻的。这种游戏胎教训练，不但增进了胎儿活动的积极性，而且有利于胎儿智力的发育。

本周胎教课堂

营养胎教方案——孕9月饮食原则

孕9月，胎儿在胎内的生活越来越少，此时孕妈妈要继续保持良好的饮食习惯，孕妈妈孕9月的饮食原则如下：

❶ 每餐以黄绿色蔬菜为主，可分几次吃完；

❷ 每天保证吃300克黄绿色蔬菜，用以充分补充B族维生素，特别是B族维生素中的叶酸有稳定情绪、增进食欲、缓解疼痛的作用，是孕妈妈非常需要的营养素；为了支撑大肚子，孕妈妈很容易疲劳，因此应多摄取叶酸，这样会舒服一些。除了黄绿色蔬菜，大豆、胚芽米、牛奶中叶酸也很丰富。

运动胎教课——孕晚期普拉提

很多孕妇在怀孕后期都会感到呼吸不畅和异常疲惫，并且会经常出现手、足、脚腕浮肿的现象。在这一时期，轻柔的运动和摄取充足的水分会减轻浮肿症状。

抬腿

❶ 靠墙而坐，两腿向前伸直。在右腿下垫两个枕头，左脚紧贴地面并曲起左膝。

❷ 慢慢地完全伸直右腿，并继续尽力拉伸。保持脚趾向上并对脚后跟用力。在这之后让腿放松下来，并舒适地放在枕头上面。重复10次后换另一只腿。

靠墙抬腿

❶ 用垫子垫住头部，尽量让自己的臀部贴在墙壁上。保证背部处于

舒适状态后，在尽可能的范围内让双腿自然伸至墙的上端。保持这一姿势5分钟。

2 双腿向两侧分开，直至起到拉伸的效果为止，但注意不要太过吃力。保持这一姿势5分钟。

准爸爸胎教指南

到了孕晚期，日渐隆起的腹部使孕妈妈行动更为不便，有些平日里自己能做的事也做不了，这时候，就需要准爸爸出手帮一把了。

随时随地搀扶爱妻

孕妈妈肚子大起来时身体重心也发生了变化，在下楼梯的时候极有可能踩空；由于子宫的增大，有可能压迫到坐骨神经，坐下和起来对于孕妈妈来说有时会变得非常困难，尤其是在久坐的情况下，准爸爸有力的臂膀能给孕妈妈很大的帮助，随时随地搀她一把，让她因为有你而感觉到安全、舒适。

帮助孕妈妈翻身

对于孕期的孕妈妈来说，睡觉可不是件舒服的事。翻身变得越来越有难度，要么是身子先过去，再把肚子挪过去；要么是肚子先过去，身子再跟过去；甚至干脆翻不过去。这时，身边再有个只顾呼呼大睡、对孕妈妈的困难一无所知的准爸爸，那份心情可想而知。

所以，这一时期的准爸爸就要牺牲一点了，警醒一些，多留意身边的妻子，适时帮她翻个身。

第33周

进行综合胎教

第33周记：突然觉得宝宝不如以前淘气了，胎动越来越少了，我好害怕。大夫说这是正常现象，因为我的宝宝越来越大了，他的活动空间就会越来越小，只要感到宝宝在腹中偶尔活动一下，就说明他很健康。我才能放下心来。

本周宝宝与胎教要点

圆乎乎的胎宝宝

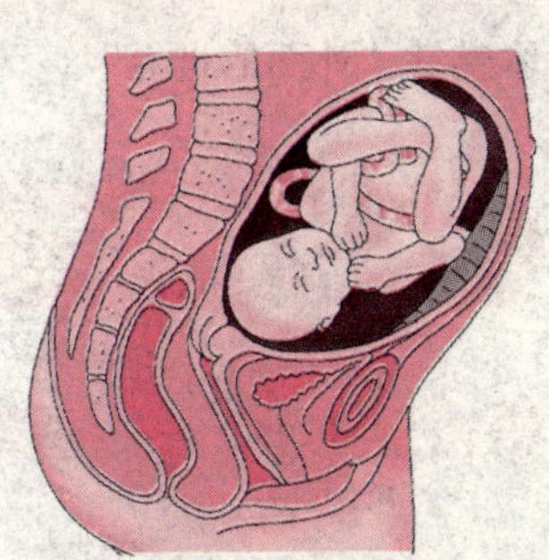

胎宝宝体重约2000克，身长约41厘米。这时胎宝宝身体变得圆润，呼吸系统、消化系统发育已成熟，而且生殖器官发育也已成熟。

本周胎教要点

·音乐胎教，以愉快的心情迎接每一天。除了可以选择悦耳舒服的音乐之外，有些专业医师认为莫扎特的曲子因为较类似母亲的心跳声，可以给胎宝宝安全感，是对胎教有帮助的音乐。只要是能让孕妈妈感到舒服愉快的音乐，就是适合孕妈妈的胎教音乐，可以在每天起床后，开启轻柔的音乐，以愉悦的心情迎接新的一天。

·情绪胎教，避免焦虑和不安。孕后期，孕妈妈焦躁不安的情绪，极有可能影响胎宝宝而造成早产，千万可别在最后时刻疏忽大意哦。准爸爸可以多搜集一些幽默笑话，绘声绘色地说给孕妈妈听。

胎教理论

综合胎教

孕妈妈将影响自身健康，影响胎儿发育的各种有利因素综合起来进行胎教的胎教方法称为综合胎教。

此时胎儿已逐渐成熟，语言、对话、光照、运动等胎教可以全方位地实施。全方位胎教刺激可促使胎儿身心全面地发展。只是在实施胎教这些胎教时要进一步加强，比如对话内容可以更复杂些，可讲故事、谈话、讲画册、教儿歌等；语言胎教可增加外语的播放；运动胎教以帮助胎儿做体操等较大的“运动”训练为主；光照胎教则建议孕妇直接到大自然中去迎着太阳走，让太阳柔和的光源照射母亲腹部，给胎儿以自然光的刺激。

此外，这几种胎教还可以在同一时间内综合运用，比如孕妇在散步时，一边让胎儿接受光照胎教，一边推动胎儿在腹内运动，与此同时孕妇再给胎儿描述温暖的阳光、美丽的景色，让胎儿在腹内通过视觉、触觉、听觉等立体感觉“外面的世界”，为他对未来世界的认识开启萌动的意识。

本周胎教课堂

语言胎教课——童谣《拍手歌》

你拍一，我拍一，　天天早起练身体。
你拍二，我拍二，　天天都要带手绢。
你拍三，我拍三，　洗澡以后换衬衫。
你拍四，我拍四，　消灭苍蝇和蚊子。
你拍五，我拍五，　有痰不要随地吐。
你拍六，我拍六，　瓜皮果核不乱丢。
你拍七，我拍七，　吃饭细嚼别着急。
你拍八，我拍八，　勤剪指甲常刷牙。
你拍九，我拍九，　吃饭以前要洗手。
你拍十，我拍十，　脏的东西不要吃。

胎教活动课—— 书法艺术欣赏

除听音乐，视觉艺术的欣赏，也是很好的胎教活动，同样能产生审美愉悦，放松心情，并潜移默化地熏陶宝宝。

欣赏：郑板桥书法“吃亏是福”

郑板桥是“扬州八怪”之一，善画兰竹，笔致飘逸。他以兰草画法入笔，极其潇洒自然，参以篆、隶、草、行、楷五体的字形，穷极变化，从而形成了独特的个人风貌。板桥对其别具一格的新书体，自称为“六分半书”，开创了书法历史的先河。

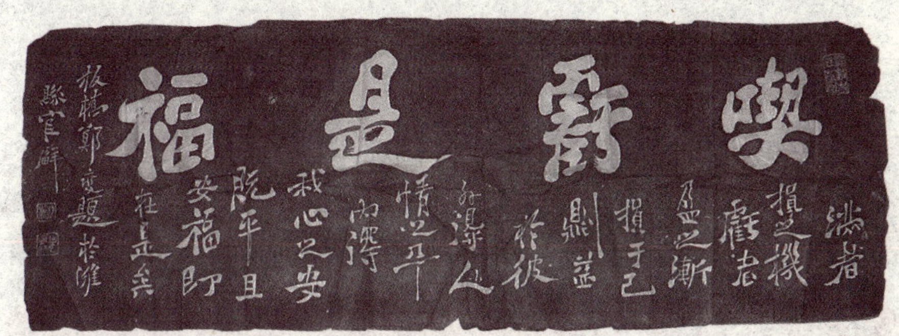

不计得失，是郑板桥养生之道。他一生当中，为人处事，不为名利，不计得失，言行一致，表里如一。板桥先生写过两条最著名的字幅，除了著名的“难得糊涂”外，就是这幅“吃亏是福”。这两幅字蕴含了深刻的哲理，不计得失，求于心安，是他一生中为人处事的准则。“吃亏是福”耐人寻味，值得借鉴。

故事：“吃亏是福”的由来

郑板桥在署潍县知县期间，接到堂弟郑墨的信，为了祖传房屋一段墙基与邻居诉讼，要他函告兴化知县相托，以便赢得这场官司。郑看完信后，立即赋诗回书：“千里捎书为一墙，让他几尺又何妨？万里长城今犹在，怎么不见秦始皇！”

稍后，他又写下“吃亏是福”这幅大字。并在“吃亏是福”大字下加注：“满者损之机，亏者盈之渐，损于己则盈於彼，外得心情之平.内得我心之安，既平且安福即在是矣。”

胎教奇葩——斯瑟蒂克胎教法(十七)

斯瑟蒂克总是充满感情地朗读故事，同时使故事内容在自己的头脑里形成一个个具体的形象。每当斯瑟蒂克讲到欢乐的情景时就兴奋激动，用欢快明朗的声音；讲到悲伤的场面时就声音低沉；涉及科学知识内容时，就用严肃、严谨的语调，一字一句地读给孩子听。

而且，不仅仅是朗读，对这些语言还要通过自己的五官使它形象化，以便更具体地传递给胎儿。因为斯瑟蒂克认为胎儿已经有“心”了，他对语言不是用耳而是用脑来接受的，对他讲话时不能单凭声音，而是要在头脑中先把所讲的内容形象化或是抓住某种感觉再讲，把语言用一种画面或立体形象传授给胎儿。

准爸爸胎教指南

学习孕产知识，做好科学育儿准备

据不完全统计，准爸爸们自认为的那些育儿词汇的含义，70%是含有某种误解的，比如很多准爸爸以为脐带是连接孕妈妈肚脐和胎儿肚脐的带子，而事实上脐带是将胎儿肚脐与胎盘相连的血管束，而孕妈妈的肚脐并没有与胎儿的任何内脏器官相连。

因此，在孕妈妈们努力学习孕期知识的同时，准爸爸们最好也能同样努力地学习一下，这样才不至于在必要的时候出现差错，也有助于准爸爸合理地安排孕期时间和帮助孕妈妈。

准爸爸可以同孕妈妈一起阅读一些孕产期保健及育婴方面的书籍，有条件的话还可以参加准爸爸学习班，了解相关的孕期保健及育儿新知识，学习一些基本的保健及婴儿护理方法，比如为婴儿洗澡、学习做婴儿辅食等。

第34周

等待中继续胎教

第34周记： 此时我的胎宝宝各个器官均已充分发育，如果现在出生，已经能够适应子宫外面的世界了。但我不能着急。

其实，等待也是一种美丽。我可以利用现在的时间，继续为我的胎宝宝做胎教，并做好相应的临产准备，也是一个不错的安排哦！

本周宝宝与胎教要点

胎宝宝头朝下了

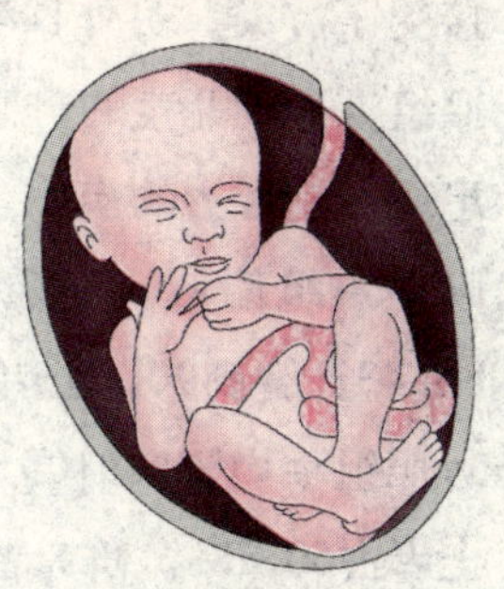

胎宝宝体重大约2300克。此时胎宝宝已将身体转为头朝下的姿势，头部已经进入骨盆。胎宝宝身体其他部分的骨骼已经变得很结实，皮肤已不再褶皱。

本周胎教要点

·情绪胎教，不要过分担心。孕妈妈就快要见到宝宝了，这是让孕妈妈期盼和紧张的事情。不要过分担心，调整好心态，储备好精力，为分娩做好准备。孕妈妈要在心里这样暗示：我的宝宝已经经过严格的产检了，他一定是个非常健康的孩子！

·营养胎教，多吃富含膳食纤维的食物。很多孕妈妈会发现自己的便秘症状加重了，这是由于子宫的增大影响了肠胃蠕动，所以孕妈妈现在需要吃一些富含膳食纤维的食物，以促进肠胃蠕动，缓解便秘。

胎教理论

孕期精神刺激对胎儿危害大

以提高人口质量、改善民族素质为目的的胎教，人们一提起来往往觉得有点玄虚。深居母腹的胎儿怎么能接受教育呢？岂不是天方夜谭吗？事实上却不是这样，母亲给胎儿以积极的教育可有效地提高胎孕质量，若母体接受了难以忍受的不良刺激，则就会给胎儿造成严重的不良影响。仅以唐山大地震对胎儿智力的影响稍加叙述。

1976年7月28日凌晨，唐山发生了一场毁灭性的大地震，这一灾难的降临，给唐山的孕妇带来了巨大的精神刺激。事过10年以后，为了考察这场严重的自然灾害对当时正在母腹中的胎儿有无影响，华北煤炭医学院李玉蓉大夫从市内儿所小学中挑选了350名出生于1976年7月28日～1977年5月30日的儿童进行研究，其中206名作为地震组，该组儿童的母亲在孕期均接受了震灾。另外144名是同期出生于外地，后来在唐山定居的，作为对照组，这批儿童的母亲在孕期身体健康，婴儿分娩时无产伤，以后也没有患过影响智力的疾病。体力测验结果两组没有大的差异，智力测验结果则以地震组偏低。地震组平均智商86.43，智商90以上者占36.4%；对照组平均智商91.95，智商90以上者占50.7%。研究者又从两组中选出性别、学校、年级、父母职业及文化程度相同的24对儿童加以对比，对比结果为：地震组平均智商81.7，而对照组为93.1，从对比中发现，地震组与对照组的智商差别比较明显。

在地震组206名儿童的母亲中，有87%以上在地震中失去了直系亲属。这种突然的，从未体验过的非常事件，给当时的孕妇造成了心灵上强烈的震憾与创伤，就必然会导致心理状态失衡，引起高度紧张和应激反应。通过这一事例我们也就不难看出精神因素与胎儿的生长发育存在着密不可分的内在联系，精神状态的好坏可直接影响胎孕质量的高低。

放下不必要的担心

怀孕9个月，距离预产期越来越近，孕妈妈一方面会为宝宝即将出世感到兴奋与激动；另一方面又会为分娩而紧张。在怀孕9个月时，孕妈妈怎样以一种平和、欢快的心情度过呢?

孕妈妈在此期，不必多思多虑，对于可能出现的问题和状况，要相信医生自会处理，对于能否顺利分娩，更用不着去多虑，让还没有发生的事徒增烦恼和压力。孕妈妈应放下这种不必要的担心，想到孕期是一个正常的生理过程，从怀孕时的“合二为一”到分娩时的“一分为二”，就像瓜熟蒂落一样自然，没必要过于紧张不安。作为生命延续的分娩，只是一个自然的生理过程，难免会有些疼痛，疼痛程度应是大多数人都能够承受的，而且疼痛也是宝宝脱离母体降临世界时第一次“按摩”，对宝宝也是有好处的。孕妈妈在这个期间，应吃好、睡好，养足精神，以平稳的情绪、冷静的头脑度过此期。要是孕妈妈产前检查的指标都较为正常，就更应该去做自己感兴趣的事，既对自身有利，对宝宝也是有好处的。

本周胎教课堂

情绪胎教方案——摆脱不良情绪的方法

妊娠晚期，过度的心理压力会对胎宝宝造成不良影响，这时的你，或多或少会存在某些心理压力，马上就尝试一下多种方法进行解压吧，这将会是不错的一堂胎教课。

1.设想

想象一下，腹中宝宝的模样，是像爸爸多一些，还是更像妈妈一些，孕妈妈不开心，宝宝肯定也会不开心、不好好生长，拿一张纸，试着画一画宝宝的小脸的样子，把自己为孩子降生而准备好的用具翻一翻，一样一样地说给宝宝听：这是妈妈为你准备的新衣服，这里是你的小床，那是你的小被子……

2.深呼吸

难忍难熬的时候，闭上眼睛，向着窗外，深深吸气，快速呼出，连续做上几次深呼吸，你会觉得好受得多。

3.告诫

不开心时，告诫自己，不要生气，不要着急，更不用害怕，宝宝正在看着妈妈呢。

4.转移

有时消除烦恼的最好方法就是离开不愉快的环境，可以通过一些自己喜欢的活动，如听音乐、看画册、郊游等，使情绪由焦虑转向欢乐。

5.释放

相当有效的情绪调剂方法，可以通过写日记或发电子邮件给好朋友或向亲密的朋友诉说自己的处境和感情，使烦恼得到令人满意的“释放”，烟消云散。

6.社交

通过广交朋友，置身于乐观向上的人群中，充分享受友情的欢乐，使情绪得到积极的感染，从中得到愉悦。

准爸爸胎教指南

入院前，准备好分娩必需品

一般，孕妈妈都需要事先住进医院等待分娩，从分娩、出生到产后的护理，大约需要1个星期，很多医院会准备一些必要的物品，但是对于孕妈妈来说这是不够的，还需要根据实际需要准备一些住院用品和婴儿用品。

分娩医院确定下来以后，准爸爸需要事先确认医院里有些什么必备

用品，除此之外的东西准爸爸要悉心准备并整理好，放入旅行袋或者孕妈妈的专用包中备用。称心的衣服和物品能让孕妈妈舒心地度过分娩期。

因此在分娩前，准爸爸要做好经济上、物质上的充分准备，检查孕妇用品和孩子出生后的用具是否齐全，不够的要主动补充上。

在选择住院用品和育儿用品时，准爸爸列一个购物清单是不错的方法。

为孕妈妈准备入院待产的物品清单

证件	孕妈妈和准爸爸的身份证、户口本，孕妈妈的保健手册、病历本等。
现金	办住院手续时需要用的钱款。
卫生巾	日用、夜用多准备几包，要勤更换。
衣物	2～3套睡衣，方便更换；拖鞋1双；舒适的帽子1顶；防止乳汁渗漏乳垫2副；哺乳胸罩2个；一次性纸内裤1包。
洗漱用品	牙刷，牙膏，毛巾，脸盆等。毛巾至少3条，洗脸、擦身、洗下身各1条；脸盆至少2个，洗脸，擦身各一个。
日用品	饮水杯、饭盒等。
食物	待产有时是漫长的，要准备些食物补充能量，可准备巧克力、果汁(配上弯曲的吸管，可以方便喝水)。
宝宝用品	小衣服，小被子，小毛巾，纸尿裤，湿纸巾。
哺乳用品	吸奶器，奶瓶，奶粉，奶嘴，奶瓶消毒锅、消毒钳，宝宝专用电暖水壶。
其他	准爸爸也要准备一些自己的必须物品。还可以准备好相机，拍摄宝宝出生后的珍贵照片。

第35周

一切都在期待中

第35周记：现在我的宝宝随时都有可能降生。分娩的心情是喜悦的，但是，分娩的辛苦是可想而知的。

我希望我的老公能把分娩看做是我们两人必须共同面临、度过的历程。

本周宝宝与胎教要点

胎宝宝生存能力增强了

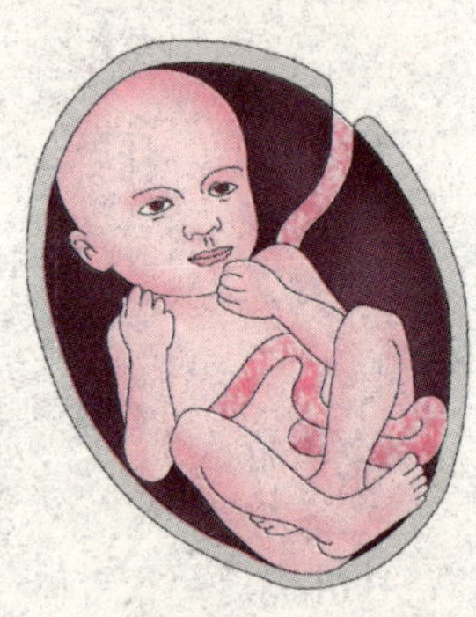

此时胎宝宝体重约2500克，身长43厘米左右。胎宝宝如果在此时出生一般都能够成活。此时胎宝宝肺部发育已基本完成，但中枢神经系统尚未完全发育成熟。

本周胎教要点

·音乐胎教，为胎宝宝歌唱。音乐的神奇作用在于能更迅速、更直接地引起大脑的反应，旋律、音调、速度这些元素变化组合，影响着大脑神经系统的功能。对胎宝宝唱歌，能够促进宝宝的大脑发育。从赠送的 CD中选择一首乐曲，重复听，熟悉的音乐能给胎宝宝以安全感。

·运动胎教，做利于分娩的练习。随着预产期的临近，孕妈妈身体会出现一系列变化，这些变化都是在为即将到来的分娩做准备，此时孕妈妈应多做些有利于分娩的练习。

胎教理论

分娩对胎教有何意义

十月怀胎，一朝分娩。经过280天的孕育，腹内的胎儿跃跃欲试，就要与急不可待的父母会面了。这是一件多么令人喜悦、令人振奋的事情啊！

然而，我们要对所有的产前父母说，请切莫急躁，务必有始有终地扮演好自己的胎教角色。这是因为胎教舞台上的最后一幕还没有出场，这一幕的时间虽然很短，然而却至关重要。

虽然你们在以前的日子中曾做过令人满意的努力，使胎儿在听声音、感受刺激、激发情绪、触摸以及思维能力方面有了最初的积累，但是在这最后的时刻，如果疏忽不慎，那么你们精心培育了10个月的胎教成果就有可能付之东流。

随着产期的临近，大多数初产孕妇内心越发忐忑不安，过多地去想象分娩时的疼痛，担心分娩不顺利，忧虑胎儿不健全，甚至有传统意识的孕妇还会担心胎儿的性别等，以至于使自己终日处于惶恐不安中，这种心态对于即将出世的胎儿是十分不利的。

一方面，孕妇的焦虑不安将导致母体内的激素改变，对胎儿产生不良刺激；另一方面，伴随着焦虑和恐惧而引起的神经性紧张往往会产生许多不适的感觉，使您肌肉紧张、疲惫不堪，并且会导致分娩时子宫收缩无力、产程延长及滞产等现象，甚至造成难产，往往使胎儿发生宫内窒息，使对缺氧敏感的大脑细胞受到伤害，进而影响胎儿智力，甚至危及生命。

因此，在分娩前您应做好心理准备。阅读一些有关分娩的书刊，了解分娩的过

程，做到心中有数。要想到您的情况并不特殊，全国每天大约有5万多名婴儿出世。

所以，产妇不必紧张和忧虑，要相信自己是完全能够胜任这个使命的，这样，当阵痛开始时，孕妇就会意识到，这正是腹中的小生命在投奔光明世界冲破重重阻力时向自己发出的求援信号，此时，产妇应以必胜的信念和爱心迎接新生命的到来。

本周胎教课堂

语言胎教课——故事《没有朋友的老鼠》

老鼠和小猫、小狗是邻居也是好朋友，他们每天一起在温暖的阳光下唱歌，在柔软的草地上跳舞，非常快乐。

有一天，猫妈妈送给小猫一个蝴蝶结，小猫系着美丽的蝴蝶结唱歌，神气极了。小狗、老鼠见了都非常羡慕，特别是老鼠，他想："如果我有这样美丽的蝴蝶结该多好。"

到了晚上，老鼠悄悄地把小猫的蝴蝶结偷回家，系在头上，对着镜子照来照去，心里美滋滋的。

第二天，小猫发现蝴蝶结不见了，伤心得"呜呜"直哭，小狗赶来安慰，并提醒他今后要保管好自己的东西。只有老鼠不吱声。

过了几天，小狗爸爸送给小狗一个铃铛，小狗戴着铃铛在草地上跳舞，帅极了。小猫、老鼠见了都非常羡慕，特别是老鼠，他想："如果我也有这样一个铃铛该有多好呀。"

到了晚上，老鼠悄悄地将小狗的铃铛偷回家，戴在脖子上，对着镜子欣赏，心里甜滋滋的。

第二天，小狗发现铃铛不见了，伤心的"呜呜"地哭起来。小猫赶来安慰他，并提醒他今后要保管好自己的东西。只有老鼠不吱声。

到了晚上，静悄悄的。小猫突然听到清清的铃铛声，他想："小狗的铃铛不是丢了吗？哪里来的铃铛声呢？"他叫醒小狗，一起随着铃铛声找，一直找到老鼠的家里。他们看见老鼠头上系着小猫的蝴蝶结，脖

子上戴着小狗的铃铛正在照镜子呢。

小狗、小猫气得不得了，一齐叫喊起来，老鼠吓得赶紧钻进地洞里，再也不敢出来了。直到现在，老鼠依然经常呆在地洞里，没有朋友，一见到猫、狗就躲躲藏藏的。

胎教奇葩——斯瑟蒂克胎教法(十八)

除了给胎儿读幼儿画册和讲故事外，家庭中的日常琐事，诸如：爸爸为什么刮胡子，妈妈为什么化妆，肥皂为什么起泡沫，洗澡做饭时感到的水温及锅烫的手感……

总之，从早上醒来到晚上睡觉，斯瑟蒂克或斯瑟蒂克的家人做了些什么，想了些什么，有什么感想，说了些什么话……所有这些斯瑟蒂克都用自己的语言讲给胎儿听，甚至这个月的煤气用多了，或邻居家的猫生了四只小猫等这类事，也成了她胎教的内容。

斯瑟蒂克认为对胎儿来说，一切都是陌生的，绝不能把给孩子讲解一件件事情看为是负担而懒得去做。况且这也是一般常识课，可以让胎儿预先掌握生活中的智慧和一般常识，以便出生后对日常生活中的事物更加感兴趣，同时这也是母子共同体验生活的一种方法。

准爸爸胎教指南

随时与妻子保持联系

孕晚期，孕妈妈特别担心孩子发生意外，如早产。因此，孕晚期以后，特别是临近预产期时，准爸爸应留在家中，使妻子心中有所依托。做不到这一点的话，准爸爸也应该按时回家，有要事外出时能随时与妻子保持联系；不要让妻子担忧，更不要让妻子在发生意外情况时处于孤立无援的境地。

学会让自己放松

第一次迎接新生命，任何人都会感到紧张，准爸爸虽然只能旁观，但他的紧张、忧虑也是很自然的。然而，在妻子面临分娩时，作为她的精神支柱，如果准爸爸自己先紧张起来，就一定会影响到妻子的情绪，使她更加不安、惶恐。因此，准爸爸一定要学会放松自己，自己先放松，才可能去放松临产阵痛的妻子，给予她最大的安慰与支持。准爸爸应该了解足够多的有关生育方面的知识，平时多与妻子所在医院的医生交流、沟通，做到胸有成竹，心中才能不慌。

第36周

适量运动助顺产

第36周记： 我的身体越来越笨重了，好想以肚子为借口放纵自己酣吃酣睡，可是我知道适量运动才有助于顺利分娩。

我每天都坚持散步，除此以外，还做些辅助训练。大夫说做辅助训练动作可以减轻阵痛的痛苦及分娩时引起的肌肉发酸和疼痛。但愿如此。

本周宝宝与胎教要点

胎宝宝肾脏发育完全

胎宝宝现在大约重2800克，肾脏已经发育完全了，肝脏也已经能够处理一些代谢废物。

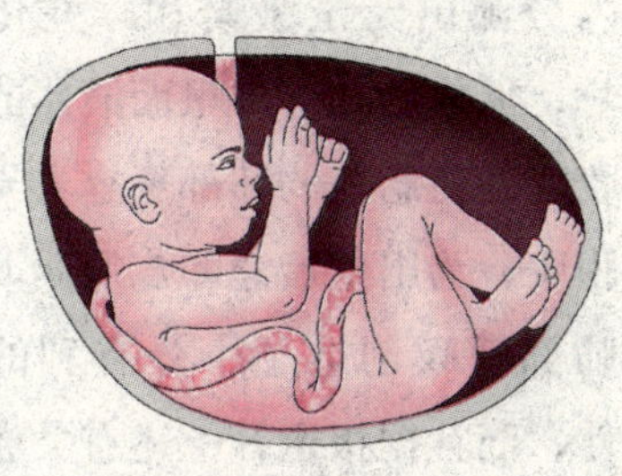

借助超声扫描仪，通过一系列的面部表情可以看出，宝宝的脸蛋儿已经圆润饱满，手指甲已经完全覆盖了指尖。

本周胎教要点

· 语言胎教，多一些英语训练。既然已经开始了英语训练，孕妈妈就要坚持下去。这一周依然要进行一些英语方面的训练，孕妈妈可以经常用英语和胎宝宝打招呼，给胎宝宝听一些英语歌谣，或者看一些自己喜欢的英语原声电影，这些都会是很好的进行英语训练的方法。

· 美学胎教，美好的感官体验。胎宝宝此时已经形成了完整的五感，孕妈妈经常欣赏一些美的事物包括一些艺术作品，对胎宝宝来说也是一种美好的感官体验。

胎教理论

自然产是最好的胎教刺激

如果你的体质好，产道及胎位都正常，胎儿也不算太大，也就是说，经产前检查确实，你关于分娩的各方面条件都不错，那么，你最好是顺其自然，由产道分娩。因为这是一条正确的分娩途径，对你的胎儿脱离你的庇护，走上独立的生活是十分有益的。

首先，分娩时强烈的子宫收缩造成的压力为胎儿在子宫外世界的生活做好准备。胎儿在子宫内是由脐带输送氧气的，他的肺并没有担任呼吸任务，他的肺里还有一些吸入的少量羊水。在产道分娩中，由于子宫的压力，使胎儿体内分泌出大量激素和一些化合物，促使胎儿肺部里面液体的吸收，并使胎儿的肺部更容易充气膨胀，为出生后立即启用胎儿的肺部呼吸创造了十分有利的条件，而且据报道，上述有关激素的分泌，还将使胎儿出生后保持一种安静、机灵的精神状态。这些都是剖宫产婴儿所不具备的。

其次，分娩过程中子宫收缩及母亲的产力造成的推力，与母体产道的阻力相对抗，可将胎儿鼻腔及口腔中的黏液挤出，防止呼吸时吸入肺部。同时，在自然分娩时，胎儿头部受压，对其呼吸中枢有一种刺激作

用，有助于出生后的呼吸和啼哭，而这些经历都是剖宫产的婴儿所没有的经历。

胎儿通过产道，就是对胎教的总结。

正确认识剖宫产

剖宫产原本是一种解决难产和解救胎儿的手段，现在却作为正常生产方式备受青睐，除了医院牟利因素外，与自身的认识误区也有关。如果没有指征，专家建议自然产。从胎教的角度也应该选择自然产。

1 消除分娩认识误区

抛开医院的因素外，一些产妇和家属应该正确认识分娩，消除某些片面观点产生的误区。比如，怕痛而拒绝试产、顾虑试产失败后再开刀“受两次罪”，是完全没必要的，而疼痛也是完全可以克服的，人类原本就是这样过来的。另外，有些孕妈妈害怕产后阴道变松弛，影响性生活，这种顾虑是多余的，以后完全可以恢复，况且与胎儿的健康相比，孰重孰轻显而易见。而认为剖宫产的孩子聪明，则更是错误的。

2 剖宫产对婴儿的影响

直接影响：由于胎儿在出生时没有经过产道挤压，胎儿气道内的黏液未受挤压排出，肺部没有经过锻炼，肺功能可能不健全，出生后不易适应外界环境的骤变，易发生新生儿窒息、呼吸窘迫综合征，甚至导致出生后湿肺、新生儿肺炎等疾病。

远期影响：阴道产儿在限定时间内能顺势通过产道各个平面，并连续完成衔接、下降、俯屈、内旋转、仰伸等动作，胎儿娩出产道的各个动作即为“感觉统合”。也就是说，阴道分娩的过程中在神经体液调节下，胎儿受到宫缩、产道适度的物理张力改变，身体、胸腹、胎头有节奏地被挤压，这种刺激信息被外周神经传递到中枢神经系统，形成有效的组合和反馈处理，使胎儿能以最佳的姿势、最小的径线、最小的阻力顺应产轴曲线而下，最终娩出。而剖宫产却属于一种干预性分娩，没有胎儿的主动参与，完全是被动地在短时间内迅速娩出。

正因为剖宫产儿未曾适应这些必要的刺激、考验，有的就表现为本体感和本位感差。任何原因使感觉刺激信息不能在中枢神经系统进行有效率的组合，则整个身体不能和谐有效地运作就称为“感觉统合失调”。“感觉统合失调”中，前庭信息处理不良占一大部分，因此推论部分剖宫产儿日后有可能存在定位差，注意力不易集中，多动及阅读、画线、打球有困难等远期影响。

本周胎教课堂

运动胎教方案——有利分娩的深呼吸操

离胎宝宝出生的日子不远了，因此，孕妈妈要选择合适的运动方式，以利于分娩。深呼吸操就是一种对分娩很有帮助的运动。方法如下：

◇仰卧腹式深呼吸

孕妈妈躺在床上，膝盖稍微弯曲，两脚轻松分开，两手轻松放在下腹部两侧，两拇指位于脐正下方，小指位于耻骨联合上3～4指远，围成三角形。用鼻子深深地吸一口气，吸气时使下腹部隆起，当不能再吸气时，再慢慢用嘴呼出气体，呼气的同时使下腹部凹陷恢复原状。

◇侧卧腹式深呼吸

孕妈妈侧卧在床上，两膝轻松自然弯曲，身体下方的手向上弯曲，手掌放在脸旁，上方的手轻轻放在下腹部，然后如腹式呼吸法，用鼻子深吸一大口气，使下腹部鼓起，不能再吸气时再慢慢用嘴呼气，使下腹部恢复原状。

当然，由于已经到了临近分娩的孕晚期，运动也要适量不能过度了，否则很容易出危险，如果把握不好，可以向

医生请教。运动时稍微感觉不适就要停下来，要知道自己的身体已经处于“关键时期”了。

语言胎教课——故事《小猫的新房子》

小猫要盖新房子了，朋友们都来帮忙。

“哼唷咳哟！”大象到树林里，运来一根又一根圆木。

“哧啦哧啦！”山羊和小花狗把圆木锯成一样厚的木板。

“丁当丁当！”小熊和小公鸡，一会儿就用木板钉成了一座漂亮的小房子。

汗水湿透了朋友们的衣衫，小花猫真感谢大家。他说：“等我把房子装饰好，请大家来做客。”

小花猫在墙上贴了一层奶白色壁纸，屋里亮堂多了；小花猫给玻璃窗挂了一层鹅黄色窗帘，屋里光线变得真柔和；小花猫在地上铺了花地毯，呀，走在上面真舒服。

好多天过去了，朋友们问小花猫：“小花猫，今天可以到你家做客吗？”

小花猫说：“不行，不行，现在正下雨，你们会把新房子弄脏的。”

又过了几天，朋友们又说：“小花猫，今天不下雨了，可以到你家做客吗？”

小猫说：“不行，不行，你们没看见天正在刮风，你们来会把新房子弄脏的。”

又过了几天，不下雨，也不刮风，太阳红红的，天气暖暖的，小猫说：“朋友们，请到我家来做客吧！”

朋友们高兴极了，可是，大象想了想，却对朋友们说：“小猫家铺了地毯，我们带着干净鞋子去吧！”

于是，有的夹着新鞋，有的包着刚刷过的干净鞋，笑嘻嘻地向小猫家走去。

到了小猫家门口，大家都换上了自己带来的干净鞋，刚要进门，小猫却端来一盆水说：“穿鞋会踩坏地毯的。大家脱了鞋，洗洗脚再进去吧！”

大象和小熊看看自己的脚，又看看那个小脸盆，摇了摇头："算了，我们不进去了！"小山羊、小花狗、小公鸡见大象和小熊走了，说："我们也不进去了！"，

从此，谁也再没到小猫家做过客。

准爸爸胎教指南

做好准备，随时待命

到了孕期的最后一个月，准爸爸应该随时处于待命状态，保证孕妈妈随时可以找到准爸爸。如果准爸爸因为工作原因需要暂时离开本地，也可以委托一个亲友或亲自请假来陪伴妻子。

建议准爸爸把紧急时需要打的电话号码和住所等资料做成一览表贴在电话机旁，以便孕妈妈在遇到紧急情况时不至于惊慌失措，内容如下：

联系人	电话号码	地址	备注
住院的医院			（休假日、夜间就诊情况）
丈夫公司			（常去的地方、饭店等）
娘家			
婆婆家			
兄妹			
好友			
出租汽车公司			

还要学会帮妻子计数宫缩频率，当宫缩时间间隔越来越短，疼痛时间越来越长的时候，就应该考虑马上去医院，特别是在距离医院路程较远的情况下，一定要把时间安排好。

第37周

坚持就是胜利

第37周记：胎宝宝37周了，经过了之前9个月的胎教训练，我已经有些迫不及待地想看看自己“教育”出来的宝宝到底有多出色。胜利就在眼前了，用不了多久，我就可以看到自己健康聪明可爱的宝宝了。

我知道虽然就快看到宝宝了，可毕竟还有3周，胎教工作仍需继续，亲爱的宝贝，坚持就是胜利！

本周宝宝与胎教要点

胎宝宝是足月儿了

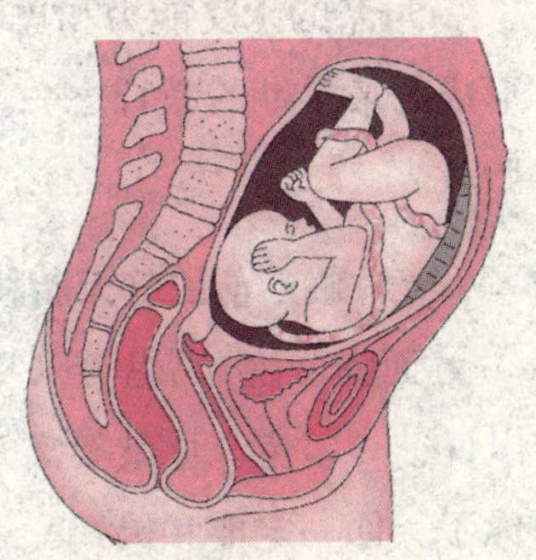

到了本周末，胎宝宝就可以称为“足月儿”了，他大概有3000克了。不过胎宝宝也有胖瘦不一的情况，只要超过2500克就都属于正常。只要胎宝宝的发育正常，就没必要特别在意他的体重。

本周胎教要点

· 音乐胎教，听一首轻音乐。现在，胎宝宝的感官系统已经接近完善了，他对于音乐节奏的敏感度也增强了，所以节奏轻快、旋律柔和的音乐，能够很好地安抚胎宝宝的情绪，相反，节奏强烈的音乐很有可能会引起胎宝宝的不安，所以孕妈妈此时还是要多听一些轻音乐。班得瑞的放松音乐《迷雾森林》、舒柔音乐《微风山谷》、自然音乐《春野》等都是音乐胎教的好选择。

胎教理论

临产胎教——将胎教进行到底

1 临产前的情绪调整

我们得承认，无论怎么说，分娩对于女性，确实是重要的一关。孕妈妈感到不安，甚至惊慌，都是正常的，也是很普遍的。

临产的孕妈妈一定记住两点：第一，这种情绪没有任何作用，相反会消耗体力，造成宫缩无力、产程延长，还会对胎儿的情绪带来较大的刺激。第二，生育是女性的本能，分娩的阵痛是不可避免的，但并非不可忍受，而且医学上有很多保障措施。

2 母亲的坚韧和勇敢会传递给孩子

生育是对生命考验，是自然给予新生的神圣礼物，也是每位母亲终身难忘的伟大时刻。

母亲的承受能力和勇敢心理，会传递给即将出生的孩子，是孩子性格形成的最早期的教育之一。勇敢地把握好最后的时刻，给宝宝一次最好的胎教。

3 临产前的聊天胎教

面临分娩，妈妈可以和宝宝沟通一下如何协同作战，顺利分娩。你可以说："宝宝，你就要离开妈妈到这世界上来了，妈妈和爸爸早就想见到你了，你一定要和妈妈配合好，勇敢地走出来。"只要你们做了，就会有效果，这不仅仅是心理暗示，宝宝也应该能感应到的，十月怀胎，早就心有灵犀了。

克服分娩恐惧感

分娩前，许多孕妇不仅焦急，而且紧张。其实大可不必多虑，对于你的“高血压怎么办”、“心率过速怎么办”，医生自会处理。对于你“能否顺利分娩”的问题，更用不着去担心，还没有发生的事，想它又有什么意义呢？况且你并不一定会难产啊。让还没有发生的事，徒然增添你的精神紧张，这多可笑。

本周胎教课堂

营养胎教方案——孕10月饮食原则

终于临近产期了，要多摄取一些有助于顺利生产的食品，进入最后的准备阶段，孕妈妈们要加油哦！

1. 应多吃新鲜的瓜果蔬菜，可提供孕妇对维生素A，维生素C以及钙和铁的需求；
2. 要多吃粗粮，少食精制的米、面，因为玉米、小米等粗粮含B族维生素和蛋白质比大米和面多；多吃谷类、花生等，因为这些食物中含有大量易于消化的蛋白质、B族维生素和维生素C、铁和钙质等；
3. 每天可加食1～2个鸡蛋，因为蛋类含有丰富的蛋白质、钙、磷和各种维生素；
4. 注意多补充微量元素，如锌、镁、碘、铜等，在动物类食品、豆类、谷类、蔬菜中含有铁、锌、铜等，海味食品中含碘量高。

语言胎教课——故事《种子旅行家》

蒲公英的孩子叫小伞兵。小伞兵是一棵小小的种子，头上长着一撮蓬蓬松松的绒毛，风儿一吹，就能飞起来，现在他离开妈妈，要出发去旅行。在风儿的吹托下小伞兵飞起来了。它飞呀飞，飞到了河边，准备下降在河边的地上成长，突然听见小鱼在说悄悄话："这水太脏了，臭不可闻，我们还是搬到大海里去住吧。"小伞兵一听，小鱼哥哥都呆不住了，我一棵小小的种子每天吃这种脏水更受不了。唉，我还是再飞吧！

它又起飞了。小伞兵飞呀飞，飞到了城市上空。城市真是漂亮！高楼大厦一幢幢拔地而起，但小伞兵看到几支高烟囱冒着浓烟扑面盖头地向他滚来，一个咳嗽，向地上栽去。小伞兵连忙定了定神，稳住下飘的身子，心里凉了半截，"看样子，城市也不是好呆的地方。"小伞兵自言自语地说着又向远处飞去。小伞兵飞呀飞，看到一片黄沙，在狂风的吹动下滚滚而来，小伞兵连忙掉转头向原来的地方飞去。边飞边想，还是妈妈的地方最好。

当小伞兵飞到妈妈的地方时，一切都变了。草弟弟没有了，泉水叔叔不见了，蒲公英家族统统不见了，只看见大推大推的垃圾和废电池。小伞兵哭呀喊呀，又转身飞了起来，小伞兵飞呀飞呀，多希望找到一块好地方歇歇呀！

胎教奇葩——斯瑟蒂克胎教法(十九)

外出散步进行胎教时，同样也需要一个良好的环境。有时候，从播放的电视节目中传来的不够高雅的对话、笑语，或从收音机里传出的震耳的响声，都可能直接影响胎儿领会母亲的声音。在有汽车和摩托车的嘈杂声及人们吵嚷声干扰的地方，也不可能进行有效的胎教……也就是说，要为敏感的孩子找一个安静的场所。

为此，斯瑟蒂克常坐在离家不远的公园的长椅上，有时会到热闹季节已过的海滨，有时则在播放着莫扎特音乐的安静的茶室，或者选择色调和谐、环境幽雅舒适的饭店大厅，翻看画册……

准爸爸胎教指南

帮助妻子适应生产环境

在家中待产时，准爸爸就可以根据妻子的喜好，把家中环境调节到最佳。去医院时，准爸爸也可以带上一些让她心理安慰的东西，比如她喜欢的娃娃、衣服、小摆设等，让她即使在医院里，也能感觉到家的温馨。

临产前，准爸爸应和妻子一起去了解一下病房、产房的环境，熟悉自己的医生。熟悉的环境能让人感觉舒服、放松。同时要给予妻子积极的心理暗示，多把正确、实用的生育知识告诉你的妻子。

平时可以向那些有着顺利分娩经验的人请教，并把这些好的消息带给你的妻子。你还可以常和她一起想象宝宝有多可爱，有了宝宝以后，家庭是多幸福。这样就可以用精神上的美好想象来克服焦虑和不安了。

给孕妈妈准备临产食物

临产期间，由于宫缩的干扰及睡眠的不足，孕妈妈胃肠道分泌消化液的能力降低，蠕动功能也减弱，吃进的食物从胃排到肠里的时间(胃排空时间)也由平时的4小时增加至6小时左右，极易存食。因此，最好不吃不容易消化的油炸或肥肉类油性大的食物。

建议准爸爸给孕妈妈准备一些富于糖分、蛋白质、维生素等易消化的食物。根据孕妈妈自己的爱好，可选择蛋糕、面汤、稀饭、肉粥、藕粉、点心、牛奶、果汁、苹果、西瓜、橘子、香蕉、巧克力等多样饮食。每日进食4～5次，少吃多餐。

身体需要的水分可由果汁、糖水及白开水补充。注意既不可过于饥渴，也不能暴饮暴食。在宫缩间歇期间，孕妈妈可以吃点巧克力，因为它营养丰富，含有大量的优质碳水化合物，而且能在很短时间内被人体消化吸收和利用，产生出大量的热能，供人体消耗。

第38周

保持良好心态

第38周记：随着分娩日期日益临近，我的心理负担越来越重。

大夫说，在分娩前保持良好的心理状态十分重要，它关系到分娩时能否顺利，还会影响到胎宝宝的胎教进程，所以我一定要克服这些紧张心理和恐惧情绪。宝宝，我们一起加油哦！

本周宝宝与胎教要点

胎宝宝皮肤光滑了

胎宝宝现在大概有3200克，他身体的各部分都还在继续生长着。而且之前覆盖在他身上的那层细细的绒毛和白白的胎脂逐渐脱落、消失了，所以胎宝宝现在的皮肤很光滑了，他可是越来越漂亮了。

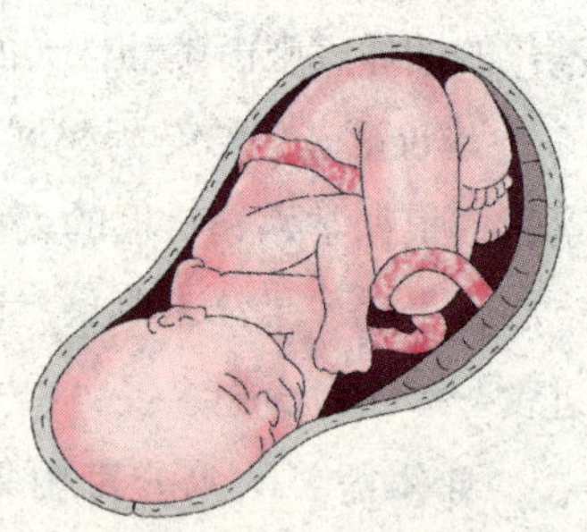

本周胎教要点

·情绪胎教，平静地等待。这一周情绪胎教的首要任务就是要学会平静地面对即将到来的分娩，不要过分期待，也不要过分焦虑。不要把分娩看作是很困难的事情，这是成为一位母亲必然要接受的历练。在感到焦虑的时候，进行深呼吸，缓慢地呼气、吸气，慢慢地用呼吸帮助自己恢复平静。

·营养胎教，注意营养就可以。到了现在，对于孕妈妈的饮食没有特别要求，孕妈妈可以根据自己的口感自由选择，原则上以保证营养均衡为主，但要避免摄入过多脂肪。

胎教理论

面对分娩充满信心

就要面对分娩，孕妈妈往往会产生某些不安，其实没什么可忧虑的，一切都将圆满如愿。用勇敢的心给宝宝上一堂勇敢的课吧。

1 不良情绪必须调整

孕妈妈越临近分娩可能越焦虑不安，这种不良情绪必须调整过来，否则将导致体内部激素的改变，对胎儿产生不良的刺激。同时，焦虑和恐惧会引起肌肉紧张、身心疲惫，导致分娩时子宫收缩无力、产程延长以及滞产等现象，这将会影响胎儿的智力和情商，甚至危及生命。

2 充满信心迎接宝宝

分娩的确是胎教的最后一课，更是最重要的一课。面临分娩，要充满信念，相信自己。人的一生中遇到困难是常事，有的人可以扛下来，有的人却受不了。能够扛下来的人往往心中有着坚定的信念，这种信念如同希望之光，让人坚定、奋发。有句话说得好：只要信念不倒，世界上没有谁能使你倒下。

预防产前忧郁

随着一天天临近生产，孕妈妈的身心负担越来越重。孕妈妈在期待孩子出生的同时，会担心分娩是否疼痛、选择顺产还是剖宫产、孩子生下是否健康、奶水是否充足、如何养

育孩子等问题。这种紧张的心理负担，如不加以及时疏导，就会产生忧郁的心理障碍。忧郁主要表现为情绪不好，常为一点小事不称心而感到委屈甚至落泪，烦躁焦虑，睡眠不好。

这时，预防忧郁的心理就显得尤为重要。我们建议，当孕妈妈在孕晚期出现忧郁心理时，丈夫、家人及孕妈妈本人要有足够的认识，尽量早做心理准备，主动排遣忧郁情绪。尽量打消孕妈妈不必要的担心，把孕妈妈所担忧的问题尽早解决，让孕妈妈消除对分娩的恐惧和紧张。当妻子情绪不平衡时，丈夫要全力照料好妻子的生活，尽量耐住性子顺应妻子的情绪，以宽容来包容妻子。

只要丈夫和妻子共同努力，克服不利于分娩的恶劣情绪，就一定能平安度过分娩的关口，迎来健康、可爱、聪颖宝宝的诞生。

本周胎教课堂

语言胎教课——故事《太阳、月亮和公鸡》

很久以前，天上住着三兄弟：太阳、月亮和公鸡。

有一天，太阳出去干活，月亮和公鸡待在家里，傍晚月亮让公鸡把牧场的牲口赶回来。辛苦干了一天活的公鸡已筋疲力尽，就没有去。

这下把懒惰的月亮惹得非常生气，它一把抓住公鸡，把它从天上扔到地面。

晚上，太阳回到家，不见公鸡弟弟的影子，就问月亮，月亮说："我把这个懒家伙扔到地面上去了。"太阳十分悲伤地说："你怎么能这样对待自己的兄弟呢？既然你不能跟别人和睦相处，我也不愿意跟你住在一起了。"从这以后，黑夜归月亮，白天归太阳。

公鸡每天很早起床，迎接太阳哥哥，它站在高处，想到又要看见太阳哥哥了，便高兴地叫着："大哥哥，我在这儿！大哥哥，我在这儿！"太阳哥哥听见公鸡弟弟的喊声，就高兴地露出笑脸。

可是太阳一落山，月亮出来时，公鸡就马上躲在鸡窝里，它不想看见讨厌的月亮哥哥。

音乐胎教课——《小夜曲》

莫扎特弦乐《小夜曲》是十八世纪中叶器乐小夜曲的典范，也是莫扎特所作十多首组曲型小夜曲中最受欢迎的一首。

本曲旋律流畅，充满了无忧无虑的青春气息，在孕晚期定时给胎宝宝播放，有助于孕妈妈和胎宝宝保持平稳的情绪。

准爸爸胎教指南

准爸爸陪产效果更好

准爸爸陪产，可以给予临产妈妈更大的力量支持，也能一起体验新生命诞生的喜悦。

在陪产前，准爸爸首先要询问医院是如何协助陪产的做法的。另外，准爸爸在手术室陪产时所站立的位置，以及应该给予临产妈妈协助的方法，也要事先详细咨询护理人员，这样可以达到陪产的最大功效。

陪产可能是一项长期抗战，所以，准爸爸有很多需要注意的地方，以下几点可以给准爸爸提供参考：

1. 穿著舒适的鞋及宽松的衣服，随身携带医院所需的证件。
2. 身上不要带贵重物品，钱物以足够方便购物即可，不要过多。
3. 准备方便进食的干净食物及点心。
4. 方便联络的手机。
5. 带上孕妈妈的必需用品包。
6. 进入产房时，准爸爸要记得取下手上的戒指及手表等，并穿上无菌衣。

第39周

衔接胎教与早教

第39周记： 现在我随时都有分娩的可能，但胎教仍要坚持进行。在孕期的最后一段日子里，我会告诉宝宝：我和爸爸很爱他，我们在殷切地等待他的安全降临。给胎宝宝以信心，教胎宝宝愉快地降生，这同时也在增强了我自身的分娩信心。

现在已经到了冲刺的阶段了，宝宝要和妈妈一起加油哦！

本周宝宝与胎教要点

胎宝宝还在长肉呢

胎宝宝现在体重差不多已经达到3400克左右了，不过他还在继续长肉呢，脂肪的储备可以帮助他出生后调节体温。胎宝宝各部分器官都发育完全了，肺部是最后一个成熟的器官，要在他出生几个小时之后才能建立正常的呼吸模式。这时候，胎宝宝已经整个倒了过来，他没有以前那么活跃了，因为他现在主要的任务就是向下降，以便随时等待出生。

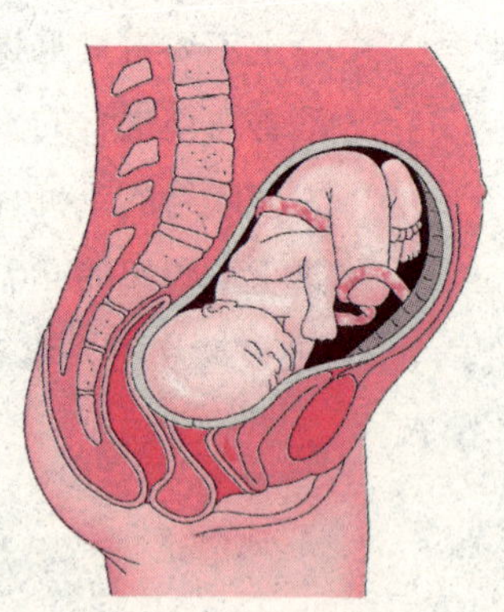

本周胎教要点

· 运动胎教，促进分娩动作。这一周运动胎教的要点依然是做一些促进分娩的动作，为即将到来的分娩做好身体上的准备，但要注意运动的强

度和量，不要对自身和胎宝宝造成不良影响。

· 营养胎教，继续补充能量。因为分娩要消耗孕妈妈很多能量，所以在分娩的前两周，孕妈妈可以吃一些热量稍稍高一些的食物，为之后的分娩储备能量。但还是要控制脂肪的摄入量，以免胎宝宝体重增长过快，增加分娩的难度。

胎教理论

胎教与早教的衔接

胎儿在降生之前，准爸爸妈妈已给了胎儿听觉、触觉、视觉等的刺激，这给胎儿的感觉器官和大脑产生了一定的影响，能促进胎儿感觉器官的发育发展和神经元结构的形成。

◇脑细胞增值的另一高峰

一般人的想法是，随着分娩过程的完成，胎教也就随之告一段落。然而，由于新生宝宝在人间的前6个月是大脑细胞增殖的另一高峰期，因此，为了继续促进宝宝的智力发育，需要在产后6个月内继续给予宝宝适宜的信息刺激，进一步促进神经系统的发展。所以胎教还要持续一段时间，直到与早期教育衔接上。

◇需要感觉刺激

由于孩子出生时大脑的大小和重量只达成人的1／3，神经细胞尚未成熟，神经纤维也没有形成完善的髓鞘，而相互间的联系几乎没有形成，所以，在出生后的初期，只有将大量的刺激传到感觉器官，再通过感觉细胞传达给大脑，才能促进神经细胞的成熟。

◇胎教“加时课”

尽管胎儿刚出生根本不明白语言的意思，但还是要给他各种声音的刺激，如父母要多和宝宝说话、逗乐，在宝宝睡醒后给宝宝听一些轻松舒缓的音乐。除了听觉刺激外，父母还要给宝宝适宜的触觉刺激，父母和家人要多拥抱小宝宝，抚摩小宝宝的皮肤，让宝宝练习抬手、踢腿等动作。在视觉训练方面，可用鲜艳的带响声的小玩具吸引宝宝注意，让宝宝学着追视。这些都是“胎教”的“加时课”，是早期教育的衔接教育。

婴儿脑靠快感的经验而发育

“子宫外胎儿”(0岁时期)，据说神经胶质细胞增加的量为脑神经细胞的5倍。神经胶质细胞在神经线上盖鞘，为了防止不良物质流向脑部而增加新的关卡，掌控神经细胞的代谢，间接与神经细胞结合，为处理许多信息而形成神经网络具有相当重要的作用。

若将0岁婴儿视为“胎儿”，其教育亦与胎儿时期的教育相同，基本上应当将重点放在脑部的发育上。

谈到0岁婴儿教育，很多人大概会联想到比胎教更上一层的天才教育或英才教育，其实并非如此。

0岁婴儿教育就是让婴儿感觉舒适，也就是让婴儿的脑部感到舒适。

为了促进脑部的发育，首先就是要母乳喂养。第二是尽可能拥抱婴儿，与之讲话。第三就是接受婴儿的要求。

这里简单谈谈为何要拥抱。拥抱是母亲与婴儿肌肤接触的最佳方法，可以促进皮肤感觉的发达。皮肤是人类的第二个脑，皮肤与脑的发达有密切的关系。用嘴唇吸吮乳房，有益皮肤感觉的发达，对婴儿脑部的发育也有良好的作用。

0岁时期既然是“子宫外胎儿”，让五感发挥作用基本上是最重要的。而且，请务必尽量以母乳哺育你的宝宝。

本周胎教课堂

音乐胎教课——《摇篮曲》

子宫是胎宝宝天然的摇篮，孕妈妈给胎宝宝唱唱摇篮曲是很不错的！

睡吧，睡吧，我亲爱的宝贝
妈妈的双手轻轻摇着你
摇篮摇你
快快安睡
夜已安静，被里多温暖

睡吧，睡吧，我亲爱的宝贝
妈妈的手臂永远保护你
世上一切，幸福愿望
爱和温暖，全都属于你

睡吧，睡吧，我亲爱的宝贝
妈妈爱你，妈妈喜欢你
一束百合，一束玫瑰
等你睡醒，妈妈全给你

语言胎教课——故事《孟母择邻》

孟子少儿时，父亲就去世了，母亲仉(Zhang掌)氏很有见识，她对孩子很注重思想品德教育。有一次，邻居家里宰猪，孟子听到猪叫声就问母亲说：“东家杀猪干什么？”母亲笑眯咪地逗哄儿子说：“是为了让你吃猪肉呗！”随后，母亲马上意识到如此逗哄孩子等于自己对孩子说了谎话。为了培养孩子诚实、不撒谎的好品德，首先要为孩子树立良好的榜样。于是她便花钱向东家买了几斤猪肉，以证实自己说过的话是真实的。她就是这样依靠正当的言行潜移默化地去诱导，教育孩子健康成长。

起初，孟子的家座落在偏僻的郊区，附近是墓地，城乡的人们经常在那里进行祭祀，祭者的孝子贤孙在墓地跪呀，拜呀，请来的巫师、道士还在那里手舞足蹈地玩弄一些祭神除邪的怪动作。年幼好奇的孟子就摹仿大人的动作与邻里的小孩一起玩一些类似葬丧之类的儿戏。孟母见儿子整日不注重读书学习而在那里搞一些无聊的儿戏，欲禁而不止，心想，在这里住下去必定不会使孩子受到良好的教育，就决计迁居他地落户。

孟母领着孟子从郊外迁居到城郊附近，这里邻近城区，住着几家作屠宰生意的邻居。由于儿童具有模仿的禀性，年幼的孟子就摹仿屠宰之类的动作，甚至在平日的言行举上方面都流露出屠夫的习气。孟母耽心不良好的环境熏陶孩子，更怕影响孩子的学业，又决计迁居。

最后，孟母迁居到一家学馆附近。在这里，孟子每天见到的全是知书达理的言行，听到的都是书声妙语。这对少年孟子影响很大。从此，孟子发愤笃志，朝夕勤学，终于成了儒家学派著名的学者。

“近朱者赤，近墨者黑。”年幼的心灵更具有可塑性。“孟母三迁择居”之所以传为佳话、流传至今，就是因为蕴含着育人哲理。

胎教奇葩——斯瑟蒂克胎教法(二十)

斯瑟蒂克认为，接受了胎教而出生的婴儿已经作好了吸收新知识的准备。并且坚信在孩子还未出世的时候，每天以充满爱的声音对她讲的一切，一定能在她头脑中的某一个地方留下印记，她在母腹中听到的、感觉到的、理解了的东西将会永不消失地影响她的一生，并一定会引导她走上幸福的人生之路。

最初的一个月，孩子们一天的大部分时间都是在睡眠中度过的。当她们睁开眼睛时，斯瑟蒂克总是像她们还未出生时一样轻声地对她们讲话，给她们唱歌，十分珍惜这短暂的交流时间。

在别的母亲看来，对连眼睛还没有完全睁开的新生儿讲话也许是件很可笑的事情。但是，斯瑟蒂克相信她们还未出生时，就已经对她们的素质进行了培养，因此，她对自己的做法丝毫不感到怀疑。

准爸爸胎教指南

准爸爸为爱妻按摩，缓解临产阵痛

准爸爸有针对性地轻轻按摩，可以大大缓解临产妈妈的痉挛式产痛和坠酸式产痛。

按摩脊椎

1. 先将两手张开，顺着脊椎两侧下滑数次。
2. 改用拇指指腹沿着脊椎两侧下滑数次。
3. 拇指指腹贴着临产妈妈的背部，沿着脊椎两侧，一节一节轻轻按压。

其他部位

1. 临产妈妈的阵痛来临时，以手掌贴住尾骨部位。
2. 抵紧片刻，以轻轻画圆的方式按摩尾骨部位。
3. 在阵痛间隙，可让临产妈妈趴在床边，由准爸爸替孕妈妈轻轻按摩臀部。
4. 然后仰卧放松，用从外向里的打圈方式轻按腹部或大腿内侧。
5. 还可轻柔地按摩头颈、上臂和浮肿的双腿。

这些按摩对于临产妈妈恢复体力迎接下一波阵痛很有帮助。

第40周

胎教最后一课

第40周记： 就快到见面的时候了，妈妈突然间有点紧张，我知道从此我的人生将会发生很大变化，因为有你，我的宝贝！此时，我所能享受的孕育生涯只有几日了，要好好珍惜才对。

本周宝宝与胎教要点

胎宝宝就要出生了

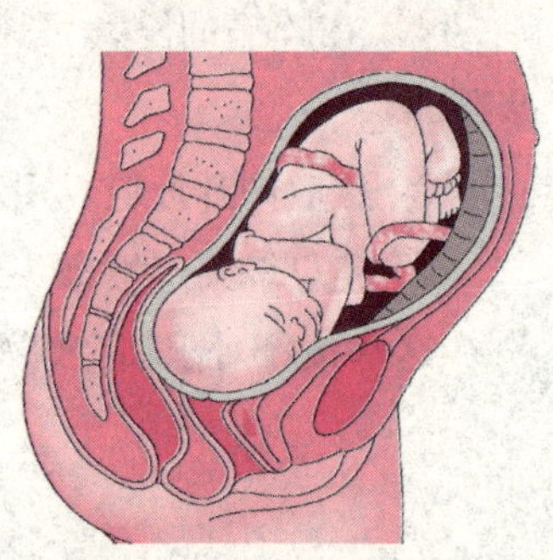

大多数的胎宝宝都会在这一周诞生，但是只有5%的胎宝宝会很听话地在预产期出生，所以提前2周或者推迟2周都有可能，这都是正常的。

本周胎教要点

·语言胎教，告诉胎宝宝更多的事。胎宝宝已经做好了出生的准备，他的一切都几乎和出生后的宝宝一样了，孕妈妈可以多和胎宝宝进行交流，就像是和已经出生的小宝宝聊天一样。《淘气包马小跳系列》《笑猫日记》等儿童读物，都是很好的语言胎教素材。

·情绪胎教，让孕妈妈心神安宁。越接近最后时刻，孕妈妈越是紧张，所以建议孕妈妈多与过来人分享交流，准备宝宝的物品，分散一下自己的注意力。写字、画画都是让自己心神安宁的方法。

胎教理论

分娩是胎教的最后一课

胎儿经过产道的挤压，是一种锻炼，但这种生命的最初磨难，对于胎儿更是艰难的。为了宝宝，妈妈要以积极勇敢的心态和胎儿共同度过这一短暂而伟大的历程。妈妈切不必焦虑不安，否则将导致体内部激素的改变，对胎儿产生不良的刺激，同时，焦虑和恐惧会引起肌肉紧张、身心疲惫，导致分娩时子宫收缩无力、产程延长以及滞产等现象，这将会影响胎儿的智力和情商，甚至危及生命。分娩的确是胎教的最后一课，更是最重要的一课。

胎教是新生儿早教的良好基础

经过实施音乐、美育、语言、抚摸、体操、饮食、环境等胎教的婴儿，出生后24小时内进行智能评测，这些新生儿表现出突出的特点是：从情绪和社会交往能力上，表现为情绪比较稳定，识哄，啼哭时以声音安慰，比如："宝宝不哭，妈妈在这里陪你！"婴儿马上就会减少哭声，多数停止哭泣，并且追寻声源；吃奶后入睡快，清醒时目光透着聪慧，亮而有神，小手的伸张抓握能力强；四肢活动有力，肌力强，抚摸一下肢体，立即高兴地四肢挥动；扶坐时颈部肌张力强；俯卧抬头，吸手能力好；对音乐特别敏感，一放胎教音乐就不哭了。

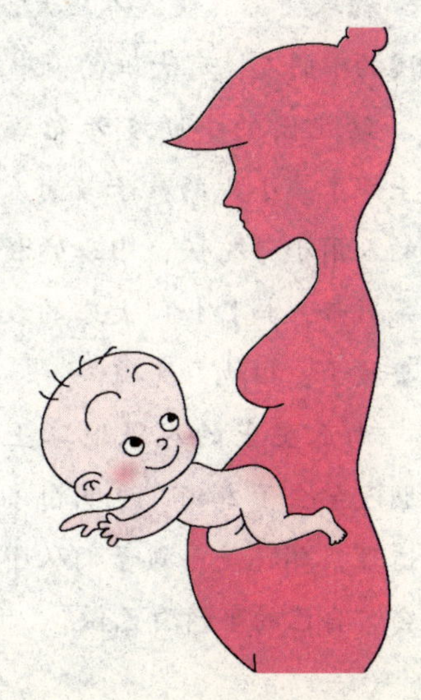

可见胎教有其实行的基础，从孕妈妈孕育宝宝的最初时刻开始，不管怎样，胎儿对外界的刺激和感受都是逐日增进的。所以说，新生儿教育的基础就是胎儿教育，而新生儿教育则是胎教的延续和胎教成果的展现，因此，新爸爸妈妈千万不要忽视对宝宝的优质教育。

本周胎教课堂

语言胎教课——故事《南瓜星上的孩子》

宇宙中有一颗星，叫南瓜星。

南瓜星上的孩子们舒服极了，他们连一丁点儿活都不用干。爸爸妈妈都说："你们只要好好学习就行！"

为了不耽误儿子看书，儿子的鞋带总是由爸爸来系。

为了让女儿多练一会儿钢琴，妈妈拿着小勺亲自给女儿喂饭。

南瓜星上的孩子们真有出息：在这里，两岁的小孩儿会书法，会画画，会打算盘；三岁的小孩儿会唱歌，会跳舞，还会下围棋；四岁的小孩儿能演奏九十九种乐器……

地球上的小孩儿到六岁半才上学。可是，在南瓜星上，六岁半的孩子都已经大学毕业了。这些大学生们学到了许多知识，偏偏没有学会干活。

日子一年一年过去了。终于有一天，南瓜星上的爸爸妈妈们都老了，都去世了。从此，这个星球上再也没人会系鞋带，会使小勺了……

不会系鞋带怎么走路呀？不会使小勺怎么吃饭呀？没办法，总统只好派飞碟去地球上请老师。

飞碟飞得真快，不几天，地球上的老师请来了。这些老师是谁？是幼儿园的小朋友！有大班的、中班的，也有小班的。

幼儿园的小朋友开始给他们上课了。小班的孩子教南瓜星上的人用小勺吃饭；中班的教他们系鞋带、扣钮扣；大班的教他们叠被子、扫地、洗碗……

南瓜星上的人跟地球上的小朋友学会了本领，也明白了一个道理，那就是：孩子们从小要学会"自己的事情自己做"。

音乐胎教课——听古筝曲《渔舟唱晚》

古筝曲《渔舟唱晚》，标题取自唐代王勃《滕王阁序》里“渔舟唱晚，响穹彭蠡之滨”中的“渔舟唱晚”4个字。乐曲以歌唱性的旋律，形象地描绘了晚霞斑斓、渔歌四起、渔夫满载丰收的喜悦荡桨归舟的欢乐情景，表现了作者对生活和美丽河山的赞美和热爱。

这首乐曲适合孕妈妈在睡眠不好时听，它乐声悠扬如歌，意境旷达，能促使孕妈妈的情绪恢复宁静，同时，也带给胎宝宝以安静详和的氛围。孕妈妈在临睡前听此曲，可让自己的思绪沉静到傍晚的水波上，在渔舟的轻摇慢曳中静静睡去……

准爸爸胎教指南

了解新生儿因材施教

要想扩大胎教的成果，出生后的教育就要跟上。为了因材施教，准爸爸和准妈妈可以提前了解新生儿。注意两个方面：一是新生儿的日常状态，二是新生儿的神奇能力。

新生儿有六种状态

1. 深睡：眼闭合，身体平静，呼吸规则；
2. 浅睡：眼虽闭合，但面部表情丰富，有微笑、皱眉、噘嘴等，身体有少量自然活动，呼吸不规则；
3. 瞌睡：眼可半张半闭，眼睑闪动，有不同程度的躯体运动；
4. 安静觉醒：眼睁开，显得机敏，活动少，对视、听刺激有反应；
5. 活动觉醒：眼睁开、活动多，不易集中注意力；
6. 哭：传递着某种不舒适信号。当他感到饥饿、寒冷、疼痛及大小便浸馈不适时，以哭叫表示自己的感觉。哭叫并不一定是情绪和意识的反映。

新生儿的能力——看

新生儿生下来第一天就喜欢看图案，不喜欢看单一色的屏幕。他们对类似人脸图形的兴趣超过其它复杂的图形。

要使新生儿看清物体，应将物体放在距眼20厘米左右处。如给新生儿看红球，当新生儿觉醒时，持红球距宝宝的脸约10厘米处轻轻晃动。当宝宝看到后慢慢地移动红球，宝宝的眼和头能追随红球移动的方向，头从中线位置向左或向右转动，有时会稍稍抬头向上看，有的还有转动180度看红球。给宝宝看你的脸时，你可以说话或不说活。当宝宝注视你后，慢慢移动你的头从宝宝一侧到另一侧，宝宝会不同程度地转动眼和头部，追随你的移动。

新生儿的能力——听

新生儿对声音有定向力。用一个装有黄豆的小塑料盒，在婴儿看不到的耳边轻轻地摇动，发出柔和的声音，新生儿的脸显得警觉起来，头和眼会转向小盒的方向，并用眼睛寻找声源。接着在另一侧耳边摇动小盒，头又会转向另一侧。然后父母用温柔的声音在新生儿耳边说："小宝宝，转过来看我，来来来！"他会转过来看你，换一侧呼唤，他又转向另一侧。宝宝不爱听尖锐、过强的音响，当听到这类噪音时，头会向相反方向转动。或以哭表示拒绝这种干扰。

嗅觉、味觉和触觉

新生儿5天时，能区别乳母和其他母亲奶的气味。出生第一天，就表现为对浓度高的糖水有兴趣，吸吮强，吃得多。新生儿触觉是很敏感的。有的宝宝哭闹时，只要用手放在他们的腹部或同时限制婴儿的双臂就可使他们安静下来。

新生儿具有和成人交往的能力

新生儿和父母或看护人交往的重要形式是哭。这些正常新生儿的哭有很多原因，如饥饿、口渴、尿布湿等等，还有在睡前或刚醒时不明原因的哭闹，一般在哭后都会安静入睡或进入觉醒状态。年轻父母经过2～3周的摸索就能理解小儿哭的原因，并给予适当处理。新生儿还用表情，如微笑或皱眉及运动等，使父母体会他们的意愿。过去认为在父母和新生儿交往中，父母起主导作用，实际上是新生儿在支配父母的行为。

新生儿具有运动能力

胎儿在子宫内就有运动，即胎动。出生后新生儿已有一定活动能力，如新生儿会将手放到口边甚至伸进口内吸吮。四肢会做伸屈运动，当您和宝宝说话时，宝宝会随音节有节奏地运动，表现为转头、手上举、伸腿等类似舞蹈的动作，还会对谈话者皱眉、凝视、微笑。这些运动和语言的韵律是协调的，有时宝宝手试图去碰母亲说话的嘴，实际上宝宝是在用运动方式和成人交往。新生儿还有一些反射性活动，如扶起直立时会交替向前迈步，扶坐位时头可竖立1～2秒或以上，俯卧位有爬的动作，口有觅食的活动，手有抓握动作，甚至有抓住成人的两个手指使自己直立的能力。

新生儿具有模仿能力

新生儿在安静觉醒状态，不但会注视你的脸，还有模仿你脸部表情的奇妙能力。当面对面和宝宝对视时，你慢慢地伸出舌头，每20秒钟一次，重复6～8次。如果宝宝仍注视着你，他常会学你的样，将舌伸到口边甚至口外。宝宝还会模仿其他脸部动作和表情，如张口、哭、悲哀、生气等。不模仿的新生儿也是正常的，只是他们不愿意和你玩这种游戏罢了。

孩子的教育是一项长期的工作，和其他重要的工作一样，这项工作的收获也是远期的，所以往往容易使人产生失望的感觉。

最好的方法是把教育变成渐进的、快乐的事情。先把你要教给孩子的东西做个分类，比如：习惯、健康、语言学习、运算。然后拟就一个每周的小计划，一周实施一点，日积月累，自然会看见成效，这样父母就能从中体会到成就感。

——摘自《斯宾塞的快乐教育》